中华优秀传统文化是炎黄子孙共同的精神家园

资治通鉴选译

李庆 译注
黄永年 审阅

古代文史名著选译丛书

（珍藏版）

主编 章培恒 安平秋 马樟根

凤凰出版社

图书在版编目（CIP）数据

资治通鉴选译 / 李庆译注. -- 南京 : 凤凰出版社, 2017.1（2018.11重印）
（古代文史名著选译丛书 : 珍藏版 / 章培恒, 安平秋, 马樟根主编）
ISBN 978-7-5506-2486-3

Ⅰ. ①资… Ⅱ. ①李… Ⅲ. ①中国历史－古代史－编年体②《资治通鉴》－译文③《资治通鉴》－注释 Ⅳ. ①K204.3

中国版本图书馆CIP数据核字(2016)第257426号

书　　名	资治通鉴选译
主　　编	章培恒　安平秋　马樟根
译 注 者	李　庆
责任编辑	陈晓清
装帧设计	姜　嵩
	凤凰出版社(原江苏古籍出版社)
	发行部电话025-83223462
出版社地址	南京市中央路165号,邮编:210009
出版社网址	http://www.fhcbs.com
照　　排	江苏凤凰制版有限公司
印　　刷	苏州市越洋印刷有限公司
	苏州市吴中区南官渡路20号　邮编:215104
开　　本	850×1168毫米　1/32
印　　张	5.875
字　　数	122千字
版　　次	2017年1月第1版　2018年11月第2次印刷
标准书号	ISBN 978-7-5506-2486-3
定　　价	30.00元

(本书凡印装错误可向承印厂调换,电话:0512-68180638)

目　录

前 言

在世界各民族中，中华民族是最重视历史记录的。就保存下来的古代史书来看，最早的《春秋》，就是鲁国史官所记录的从公元前722年到公元前479年二百四十四年间发生的大事。这比西方最早的史书——公元前五世纪末才出现的希罗多德编写的《历史》要早出二百多年。《春秋》是按年月日顺次记录下来的，后人称之为编年体史书即编年史。鲁国以外其他诸侯国以至周王室也都有这样的编年史，如西晋时从古墓里发掘出来的一部战国时魏国的史书——后人称之为《竹书纪年》的，也是和《春秋》同样体裁的编年史。可以说这种编年史是我国最早编写史书所用的体裁。但事物总是向前发展的，史书的体裁也要有所发展。到西汉前期就出现了司马迁的《史记》，《史记》的内容要比《春秋》复杂多了。它有“本纪”，这是以帝王在位先后按年月日编写的编年史，和《春秋》还没有什么不同；另外还有“表”，用表格形式来编排大事；还有“书”，后人改称为“志”，分专题记载政治、经济、文化现象；还有大量的“列传”，分别记载重要人物的生平事迹。这些就远远突破了编年史的格局，所以后人给它另起了一个名称叫纪传体史书即纪传史。因为这种体裁比编年体更完善，所以后人又称之为正史，以《史记》居首的称为正史的《二十四史》都是用这种纪传体来编写的。当然，在编写纪传史的同时也还有人在写编年史，如《二十四史》的第二部《汉书》在东汉初年由班固编成后，在东汉末年还有位荀悦编写了编年体的《汉纪》，但内容远不如《汉书》充实，很少有人阅读。直到北宋时司马光编写的《资治通鉴》问世，编年史才算恢复了它的地位，有资格和纪传体"正史"并驾齐驱，甚至有人把他和纪传史的始祖司马迁并称为我国古代史学界的"两司马"。

司马光这位大史学家的名字，读过点中国历史的人都不陌生。北宋时大政治家兼大文学家王安石在搞变法时，司马光是个出头露面的反对派。他是陕州夏县人①，字君实，北宋真宗天禧五年（1019）出生，哲宗元祐元年（1086）逝世，终年六十七岁。在他生活的时代，纪传体正史已先后出现了《史记》、《汉书》、《后汉书》、《三国志》、《晋书》、《宋书》、《南齐书》、《梁书》、《陈书》、《魏书》、《北齐书》、《周书》、《隋书》、《南史》、《北史》、《旧唐书》、《新唐书》、《旧五代史》、《新五代史》，一共十九部，部数多、分量大，凭一个人的精力很难看得完，需要再有一部既能包括这些纪传史的主要内容，又比较简明的史书，司马光就是针对这种需要来编写《资治通鉴》的。他没有继续沿用纪传史的体裁，因为这样无非是把以上十九部纪传史压缩一下。司马光小时候就读过唐朝人高峻把《史记》到《隋书》缩编成的《高氏小史》。小时候读读固然可以，作为成熟的史学家就决不愿意重复这种简单劳动②。他重新采用了当时多少已

---

① 今山西夏县。 ② 司马光以后还有做这种压缩正史的工作的，如南宋吕祖谦编写的《十七史详节》，明代邵经邦编写的《弘简录》，可是一直流传不广。

被冷落的编年体，来编写一部比这些纪传史简明的史书。前面说过，编年史的老祖宗是鲁国史官编写的《春秋》，我们看到的《春秋》是所谓《六经》或《五经》里的《春秋》，是经过先秦时儒家删节过的内容比较简单的本子，一件大事只记上一两句。如果这样，司马光倒仍旧不必花气力，把纪传史里的本纪照抄一通就是，本纪就是和《春秋》差不多的简略的编年体。司马光不做这样取巧偷懒的事情，他要模仿的是《左传》。《左传》这部书，后人把它编在所谓《十三经》里面，其实并不是经，只是解释《春秋》的书，不过不是解释这个字是什么意思，那个字怎么念，而是战国前期人收集了各个诸侯国的史官的记载，针对《春秋》只记载某年某月某日这个诸侯国和那个诸侯国打了一仗，某国打赢了的简单记载，据史实加以全面扩充而成。《左传》中详详细细记述了双方将帅的情况，打仗的经过，以及胜败的原因，读起来比《春秋》有趣味得多。司马光从小就喜欢这部有趣味的《左传》，据说七岁时听别人讲解后就能对家里人复述其中的情节，成年后写《资治通鉴》就采用了《左传》的记述方式。《左传》最后讲到韩、赵、魏三家灭掉智伯，所以《资治通鉴》也从“三家分晋”讲起，或者就是从我国历史上的“战国时代”讲起，一直讲到五代结束，宋太祖当上皇帝为止，也就是从公元前403年讲到公元959年，一共一千三百六十二年的历史。一共写了二百九十四卷，前面所说的那十九部纪传史加起来有两千卷左右，《资治通鉴》在卷数上还不到这两千卷的七分之一。

现在再说司马光的这部编年史为什么叫《资治通鉴》，这得弄清楚他对编写史书的理解，和他与封建政治的关系。研究历史，编写历史书干什么，我们今天研究历史，是为了弄清历史发展的规律。弄不清规律严格地讲就算不上科学，同样算不上历史科学。但古人不是这样，作为封建社会的知识分子，要找寻规律他们是无能为力的，他们研究历史，编写历史书，主要目的是在于借鉴，前人做对了的后人可以学，做错了的后人千万不要重蹈覆辙。司马光当然是跳不出这个圈子的。同时，还应知道司马光是个政治家，早年在官场上一帆风顺，想有点作为则需要有一个他心目中的好皇帝，因而他不仅需要自己从历史中有所借鉴，更重要的还希望皇帝也从历史中有所借鉴，学做好皇帝而别做坏皇帝。他从仁宗嘉祐年间开始编写这部编年史，当时起的书名叫《通志》。仁宗死了，英宗即位，他把已编写好的从战国到秦一共八卷进呈给英宗，得到英宗的赞赏。在治平三年(1066)，英宗叫他把历代君臣事迹编集起来，他请示是否就把《通志》编下去，英宗完全同意，并专门为他设置编纂的机构——史局，使这部大型编年史成为官修的史书。这样，这部史书的内容就更要投合皇帝的需要。英宗做了四年皇帝就去世了。神宗刚即位，就叫司马光把已经编写好的在经筵①上宣读讲解，并且叫文臣王禹玉代笔赐给一篇御制序，对这部书的政治作用作了全面的肯定，并且给它正式赐名为《资治通鉴》。“资”是资助，“治”是治理，“鉴”是鉴戒，“通”是“通志”的“通”，因为它不止记载一个朝代，而是从战国一直通下来，整个书名，就是有助于治理天下的一部通代鉴戒之书②。这本书里经常

① 皇帝选择文臣给他讲书，叫开经筵，所讲的一般是《五经》之类，新编写的《资治通鉴》能列入宣讲内容，可见神宗对它的重视。 ② 后来常把它称为《通鉴》，把“资治”两字省略，只是为了方便而已，其实并不符合神宗赐名的本意。

看到"臣光曰"也就是"臣司马光认为",就是司马光根据历史事实所发挥的给皇帝借鉴的言论。司马光奉皇帝诏命官修史书,可以充分利用国家收藏的极其丰富的图书资料。司马光可以自己挑选助手进史局协助他工作,在英宗时他已先后选用了刘恕、刘攽①,神宗时又增加了一位范祖禹,这三位都是颇有名气的史学家,刘攽协助从汉到隋部分,范祖禹协助唐代部分,刘恕协助五代部分,然后由司马光总其成。由于经过皇帝首肯,可以不受政局变动的影响。在神宗任用王安石变法后,反对派司马光在熙宁三年(1070)被迫离开京城开封,到当时称为西京的洛阳去做无事可管的闲散官职。但神宗对他编写《资治通鉴》十分支持,准许他把史局带到洛阳继续工作。过了十四年,司马光在元丰七年(1084)年底把这二百九十四卷的大书顺利写成,连同《目录》、《考异》各三十卷一并进呈后,神宗还专门下诏奖励,把司马光调回京城重新出任要职。元丰八年神宗去世,哲宗即位,太后听政,司马光当了不到一年宰相,在元祐元年(1086)九月去世,十月由当时的文教机构——国子监奉诏敕把《资治通鉴》刊刻颁行。哲宗亲政,司马光的反对派势力抬头,要毁掉《资治通鉴》书版,因为有神宗御制序乃不能实现。

《资治通鉴》问世后,一直是高级知识分子中的畅销书。不仅读,而且给《资治通鉴》做了不少注释和改编工作。注释中最著名的是宋元间胡三省的音注,通常称为《通鉴》胡注,对《资治通鉴》里讲到的地理和制度解释得特别详细。据《通鉴》改编的书中最有意义的是南宋袁枢的

---

① 攽(bīn)。

《通鉴纪事本末》，这是考虑到《资治通鉴》是编年体，一件事情分隔在好几卷里，初读者往往理不清头绪，于是改成以事为主，把全书归结成二百三十九件大事，每件大事下抄录《资治通鉴》有关的原文，无关的零星记载统统舍弃，这样就创立了和纪传、编年并列的纪事本末体，读编年体有困难的人看纪事本末体就比较容易读得进去。还有一种改编是不变编年体裁，只把《资治通鉴》加以删节改编，像南宋时托名朱熹编写的《资治通鉴纲目》、清初吴乘权、吴大职合编的《纲鉴易知录》，乾隆时官修的《御批通鉴辑览》，但都不具什么价值。此外，因为《资治通鉴》只编写到五代，以后还有人给它写续编，质量较高的是南宋史学家李焘编写的《续资治通鉴长编》，其他如清代以毕沅名义编写的《续资治通鉴》、夏燮的《明通鉴》、陈鹤的《明纪》，都颇具史料价值。

今天，《资治通鉴》这部史书仍具很高的价值。这是因为：

首先，对研究历史的专家学者来说，《资治通鉴》有很高的史料价值。司马光编写时除了利用前面说过的从《史记》、《汉书》到新旧《唐书》、新旧《五代史》十九部纪传体正史外，还利用了其他的纪传史、编年史、杂史、名人的传记、名人写给皇帝的奏议，以及有关各个时代的地理记载和比较可信的小说杂记，据统计有三百多种。其中有许多可以补充那十九种正史的不足，甚至纠正其中的错误。尤其是唐和五代部分，编纂新旧《唐书》、新旧《五代史》时所根据的原始史料司马光都能看到，《资治通鉴》的唐、五代部分有很多不见于这些正史的，大多就是根据这些原始史料重新编写的，而这些原始史料后来都已散失，因此《资治通鉴》这部分的史料价值至少不亚于正史。同时，编写《资治通鉴》时是先编“长编”。所谓“长编”，就是按年月日把有关史料统统抄到一起，成为资料汇编，然后去粗取精，去伪存真，写成正式的史书。“长编”后来虽已散失，但却留下了司马光撰写的《资治通鉴考异》（以下简称《考异》），把某件事情有几种不同说法的史料都记下来，然后讲明为什么信这种，不信那种的理由，也就是去伪存真的理由。有些确实取得很对，即使不对，但既已记下了各种不同说法的史料，而且这些史料已经失传，在别的地方无法看到，今天的专家学者还可根据《考异》重新加以判断抉择。所以《资治通鉴》的史料价值无不为历史学家所重视，尤其是研究唐、五代史的专家学者没有一位不在《资治通鉴》和《考异》上下功夫的。

其次，《资治通鉴》的文章写的实在好。编写史书要讲究文采，要写的对人们有吸引力，让人们愿意读，这本来是我国史学界的优良传统。纪传史中的《史记》、《汉书》等之所以享有盛名，不仅因为其在史学上的贡献，同时也因为其有很高的文学水平。不过这些纪传史的文学水平尽管高，却各有自己的风格。据记载，司马光编写《资治通鉴》的办法是先请刘攽、范祖禹、刘恕分头编“长编”，“长编”编好，再由司马光亲自加工写成。所以《资治通鉴》今天读起来就感到文字前后通贯，二百九十四卷像是一气呵成。同时，司马光的文笔也有独特的风格，既生动，又条理清楚，平顺易懂，绝不使用生字难句来故作高深。因而不仅旧时代的文人爱读，今天稍微懂一点文言文的人，即使不是专家学者仍同样爱读，有些地方读起来真像读小说一样，叫人非读完一个段落，知道事情的结局不可。

问题是现在大多数人不习惯读文言文。为了让更多的人能欣赏这部著名的史书，我们采取了今译的方式。当然不便全部译，《资治通鉴》的原文已有好几百万字，加上译文得近千万字，这绝非一般人所能问津。不如挑选其中写得特别精彩、读起来最容易发生兴趣的来今译。这部今译本里就只给读者选译了二十篇。每篇的标题是今译时拟加的。分段、标点以及原文都根据1956年古籍出版社整理、1982年中华书局重印的本子，间或有错误以及不确切之处则作了更正。这个本子有胡三省的音注，但音注也都是文言文，这次今译时另外用了适合读者水平的注释。所选译的这二十篇大体照顾了各个时代，从战国到五代各个朝代都选一点。性质则多偏于政治和军事，这是因为司马光编写时出于"资治"的目的本来着重这方面，经济本来就不是它的重点，文化更少讲到，原书如此，选译者当然无由改变。

记载一千三百六十二年历史的《资治通鉴》在内容上极其丰富，这个选译本对读者真可说是尝鼎一脔。假若读者对这本选译发生了兴趣，同时通过今译和原文的对照对阅读文言文的水平有所提高，则更希望读者闲暇时能阅读《资治通鉴》原著全书。

李 庆

水灌晋阳

——进入战国的前奏

晋国曾是一个在春秋时代称霸的大国，到了春秋末年，它的实际权力已被赵氏、魏氏、韩氏、智氏、范氏和中行氏这“六卿”所分割。“六卿”又相互倾轧，范氏、中行氏先被灭掉。公元前 453 年，赵、魏、韩又灭掉智氏，以后逐渐形成“三家分晋”的局面。到公元前 403 年，周天子被迫承认三家为诸侯。以往人们多把这件事作为春秋、战国的分界线。《资治通鉴》的记事也从此开始，同时又追记了三家灭智氏的经过。

本篇选自《资治通鉴》卷一周纪威王二十三年(前 403)。文中对智伯、韩康子、魏桓子、赵襄子以及张孟谈等人的刻画，对各家利害关系的分析，以及水灌晋阳、三家转而灭掉智伯的描述，都颇见水平。

智宣子卒①，智襄子为政②，与韩康子、魏桓子宴于蓝台③。智伯戏康子而侮段规④。智国闻之⑤，谏曰：“主不备难⑥，难必至矣！”智伯曰：“难将由我。我不为难，谁敢兴之！”对曰：“不然。《夏书》有之：‘一人三失，怨岂在明，不见是图。’夫君子能勤小物，故无大患。今主一宴而耻人之君相，又弗备，曰不敢兴难，无乃不可乎！蜹、蚁、蜂、虿⑦，皆能害人，况君相乎！”弗听。

智伯请地于韩康子，康子欲弗与。段规曰：“智伯好利而愎⑧，不与，将伐我；不如与之。彼狃于得地⑨，必请于他人；他人不与，必向之以兵，然后我得免于患而待事之变矣。”康子曰：“善。”使使者致万家之邑于智伯。智伯悦，又求地于魏桓子。桓子欲弗与，任章曰：“何故弗与？”⑩桓子曰：“无故索地，故弗与。”任章曰：“无故索地，诸大夫必惧；吾与之地，智伯必骄。彼骄而轻敌，此惧而相亲；以相亲之兵待轻敌之人，智氏之命必不长矣。《周书》曰：‘将欲败之，必姑辅之。将欲取之，必姑与之。’主不如与之，以骄智伯，然后可以择交而图智氏矣，奈何独以吾为智氏质乎！”⑪桓子曰：“善。”复与之万家之邑一。

【注释】

① 智宣子：名申，当时晋国的卿。② 智襄子：名瑶，宣子之子智伯。③ 韩康子：名虔。魏桓子：名驹。两人都是晋国的卿。④ 段规：韩康子的相。⑤ 智国：智襄子的家臣。⑥ 主：当时家臣对大夫的称谓。⑦ 蜹（ruì）：蚊子的一种。虿（chài）：蝎子一类的毒虫。⑧ 愎（bì）：任性、执拗。⑨ 狃（niǔ）：习以为常。⑩ 任章：魏桓子的相。⑪ 质：箭靶，攻击对象。

智伯又求蔡、皋狼之地于赵襄子，①襄子弗与。智伯怒，帅韩、魏之甲以攻赵氏。襄子将出，曰：“吾何走乎？”从者曰：“长子近②，且城厚完。”③襄子曰：“民罢力以完之④，又毙死以守之⑤，其谁与我！”⑥从者曰：“邯郸之仓库实。”⑦襄子曰：“浚民之膏泽以实之⑧，又因而杀之，其谁与我？其晋阳乎⑨，先主之所属也，尹铎之所宽也⑩，民必和矣。”乃走晋阳。

【注释】

① 蔡、皋狼：赵襄子的领地。蔡，应作蔺，和皋狼都在今山西离石一带。赵襄子：名无恤，晋国的卿。② 长子：今山西长子以西。③ 厚完：厚实，完固。④ 罢（pí）：通“疲”。⑤ 毙死：毙本是倒下的意思，毙死是倒下来死去。⑥ 与：跟从，赞同，支持。⑦ 邯郸：今河北邯郸西南。⑧ 浚：榨取，搜刮。膏泽：膏血。⑨ 晋阳：今山西太原。⑩ 先主：死去的主，指赵襄子之父赵简子。赵简子派尹铎去治理晋阳。尹铎问赵简子：“您是要搜罗财富呢，还是要把晋阳作为赵氏的保障？”赵简子回答：“要作为保障。”尹铎就减少了对晋阳的赋税。赵简子因此曾嘱咐赵襄子，万一有变故，不要嫌晋阳远，必定要到那里去。

三家以国人围而灌之①，城不浸者三版②；沉灶产蛙，民无叛意。智伯行水，魏桓子御，韩康子骖乘③。智伯曰：“吾乃今知水可以亡人国也。”桓子肘康子，康子履桓子之跗④，以汾水可以灌安邑⑤，绛水可以灌平阳也⑥。绨疵谓智伯曰："韩、魏必反矣。"⑦智伯曰："子何以知之？"绨疵曰："以人事知之。夫从韩、魏之兵以攻赵，赵亡，难必及韩、魏矣。今约胜赵而三分其地，城不没者三版，人马相食，城降有日，而二子无喜志，有忧色，是非反而何？"明日，智伯以绨疵之言告二子，二子曰："此夫谗人欲为赵氏游说，使主疑于二家而懈于攻赵氏也。不然，夫二家岂不利朝夕分赵氏之田，而欲为危难不可成之事乎？"二子出，绨疵入曰："主何以臣之言告二子也？"智伯曰："子何以知之？"对曰："臣见其视臣端而趋疾⑧，知臣得其情故也！"智伯不悛⑨。绨疵请使于齐。

【注释】

① 国人：住在领地城邑中的人。灌之：决晋水来淹没晋阳城。② 三版：当时的城墙都是土筑的，土筑时夹的木版一般有二尺宽，三版的高度只有六尺。③ 骖乘：陪乘。④ 跗（fū）：脚背。⑤ 安邑：魏氏居邑，今山西夏县北。⑥ 平阳：韩氏居邑，今山西临汾西南。⑦ 绨疵（chī cī）：智伯的臣属。⑧ 端：详审。趋：跑。⑨ 悛（quān）：悔改。

赵襄子使张孟谈潜出见二子，曰："臣闻唇亡则齿寒。今智伯帅韩、魏以攻赵，赵亡则韩、魏为之次矣。"二子曰："我心知其然也，恐事未遂而谋泄，则祸立至矣。"张孟谈曰："谋出二主之口，入臣之耳，何伤也！"二子乃潜与张孟谈约，为之期日而遣之①。

襄子夜使人杀守堤之吏，而决水灌智伯军。智伯军救水而乱，韩、魏翼而击之，襄子将卒犯其前，大败智伯之众，遂杀智伯，尽灭智氏之族。

【注释】

① 期(jī)日：约定日期。

【翻译】

智宣子去世，智襄子即智伯主持晋国政事，和韩康子、魏桓子在蓝台会宴，智伯戏弄韩康子，欺侮段规。智国听到这个情况，进谏道："主公不预防发难，发难的事情就一定会出现！"智伯说："只有我才能发难，我不发难，谁敢发难！"智国对答道："不一定。《夏书》上有这样的话：'一个人三度有过失，即使过失不明显也会招怨，要在不明显时就采取措施。'君子能尽力于细小的事物，所以才没有大的祸患。如今主公在一次宴会上便羞辱了人家的君和相，又不作准备，说人家不敢发难，恐怕不行吧！那些飞蚊、蚂蚁、野蜂、蝎子之类，都能伤人，何况君、相呢！"智伯不听。

智伯向韩康子索取土地，韩康子准备不给。段规说："智伯好利又任性，不给，他就会讨伐我们，不如给他。他把取得土地当作习以为常的事情，必定又会向别人索取；别人不给，他必定会以兵戎相向，这样我们得以免于祸患而等待事态的变化了。"韩康子说："好。"派使者把有万户人家的一个邑送给智伯。智伯很高兴，又向魏桓子索取土地。魏桓子想不给，任章说："为何不给？"魏桓子说："无故索取土地，所以不给。"任章说："无故索取土地，各个大夫必然恐惧,我们给了土地,智伯必然骄傲。他骄傲就会轻敌,我们这边因恐惧就会相互团结,用团结的军队来对付轻敌的人,智氏的命运肯定长不了!《周书》说:‘你想要打败对方,必须姑且先帮助他。你想要攻取对方,必须姑且先拿点什么给他。’主公不如把土地给他,使智伯骄傲起来,然后可以选择合作者来图谋智氏了,何苦独独由我们来作为智氏的攻击对象呢?”桓子说:“好。”也给了智伯一个有万户人家的邑。

智伯又向赵襄子索取蔡和皋狼之地。赵襄子不给。智伯发怒,把韩、魏的兵一起带上去攻打赵氏。赵襄子要离城出走,问道:“我们到哪里去呢?”随从的人说:“长子离这里近,而且城池厚实完固。”赵襄子说:“民用尽了气力来筑好长子城,现在又要舍命来守卫,有谁会来支持我!”随从的人说:“邯郸的仓库充实,可以到那里去。”赵襄子说:“搜刮了民脂民膏充实它,又因此使他们受刀兵之灾,有谁会来支持我!还是去晋阳吧,那是先主嘱托过的,尹铎宽抚过的地方,邑众必定和我们同心协力。”于是出走到晋阳。

智氏、韩氏、魏氏率领国人包围了晋阳,用水来灌,城墙没有被水浸没的只有三版;灶没在水里,都长出青蛙来,但邑民们还是没有背叛的念头。智伯察看水势,魏桓子驾车,韩康子陪乘。智伯说:“我今天才知道水可亡人之国!”魏桓子用肘碰了一下韩康子,韩康子踩了一下魏桓子的脚背,因为汾水可以灌安邑,绛水可以灌平阳啊!絺疵对智伯说:“韩、魏是准定要叛变了!”智伯说:“你怎会知道?”絺疵说:“从人情事态知道。我们联合韩、魏的兵攻打赵氏,赵氏亡，灾难就必定轮到韩、魏。现在约定，胜赵以后，三家瓜分其地，城只剩三版没有淹没，人马相食，指日就会降服，然而韩、魏二子并不欣喜，而有忧患之色，这不是想叛变又是什么？”第二天，智伯把絺疵的话告诉了韩、魏二子。二子说：“这是那些捣鬼的人要替赵氏游说，以使主公对我们二家产生怀疑而放松对赵氏的进攻。否则，我们二家难道对眼前就可分得赵氏之田不感兴趣，反去干危险不能成功的事情吗？”二子出去了，絺疵进来说：“主公为什么要把臣的话告诉韩、魏二子？”智伯说：“你怎会知道？”回答道：“臣看到他俩用心地端详了臣又很快地走掉，这是他俩知道臣掌握了他俩的真情，所以会有这种表现啊！”智伯仍不醒悟。絺疵请求出使到齐国去。

赵襄子派张孟谈暗中出城见韩、魏二子，说：“臣听说唇亡则齿寒。现在智伯率领韩、魏之众攻打赵氏，赵氏灭亡以后，就该轮到韩、魏了。”韩、魏二子说：“我们心中也知道是这样的，只是怕事情还未办到，计谋就泄露出去，这样灾祸会立刻临头。”张孟谈道：“计谋出二主之口，入臣之耳，有什么关系！”韩、魏二子便秘密地和张孟谈相约，确定了行动的日期后把他送回去。

赵襄子在夜里派人出城杀了智氏守护堤防的官吏，决开堤防放水淹灌智伯军。智伯军慌忙救水乱了套，韩、魏两军从两侧攻出，赵襄子率领士卒从正面杀过去，大败智伯军，趁势杀死智伯，杀光了智氏一族。

王翦伐楚

——老谋深算者的胜利

战国的历史以秦灭六国而告终。在秦灭六国的战争中，发生于公元前 224—前 223 年的伐楚之役，是一场规模最大的战役。当时秦已先后灭了韩、赵、燕、魏四国，秦王嬴政想挟战胜余威而一举略定楚国。秦国老将王翦清楚地认识到这场战役的艰巨性，年轻将领李信则显得轻敌。于是不同的态度产生了不同的结果。

本篇选自《资治通鉴》卷七秦纪始皇帝二十三年至二十四年（前 224—前 223）。全篇笔墨不多，但对人物心理、战争过程都作了很清楚的交代。

王贲伐楚①，取十余城。王问于将军李信曰："吾欲取荆②，于将军度用几何人而足？"李信曰："不过用二十万。"王以问王翦，王翦曰："非六十万人不可。"王曰："王将军老矣，何怯也！"遂使李信、蒙恬将二十万人伐楚。王翦因谢病归频阳③。

……

李信攻平舆④，蒙恬攻寝⑤，大破楚军。信又攻鄢郢⑥，破之。于是引兵而西，与蒙恬会城父⑦。楚人因随之，三日三夜不顿舍，大败李信，入两壁，杀七都尉；李信奔还。

【注释】

① 王贲：王翦之子。② 荆：即楚。③ 频阳：今陕西富平东北。④ 平舆：今河南汝南东北、平舆北。⑤ 寝：今安徽临泉。⑥ 鄢郢（yān yǐng）：今河南鄢陵北。⑦ 城父：今安徽涡阳西北。

王闻之，大怒。自至频阳谢王翦曰："寡人不用将军谋，李信果辱秦军。将军虽病，独忍弃寡人乎！"王翦谢："病不能将。"王曰："已矣，勿复言！"王翦曰："必不得已用臣，非六十万人不可！"王曰："为听将军计耳。"于是王翦将六十万人伐楚。王送至霸上①，王翦请美田宅甚众。王曰："将军行矣，何忧贫乎！"王翦曰："为大王将，有功，终不得封侯，故及大王之向臣，以请田宅为子孙业耳。"王大笑。王翦既行，至关②，使使还请善田者五辈。或曰："将军之乞贷亦已甚矣！"③王翦曰："不然。王怚中而不信人④，今空国中之甲士而专委于我，我不多请田宅为子孙业以自坚，顾令王坐而疑我矣。"

二十三年，王翦取陈以南至平舆⑤。楚人闻王翦益军而来，乃悉国中兵以御之。王翦坚壁不与战。楚人数挑战，终不出。王翦日休士洗沐而善饮食，抚循之，亲与士卒同食。久之，王翦使人问军中戏乎？对曰："方投石、超距。"王翦曰："可用矣！"楚既不得战，乃引而东。王翦追之，令壮士击，大破楚师，至蕲南⑥，杀其将军项燕，楚师遂败走。王翦因乘胜略定城邑。

二十四年，王翦、蒙武虏楚王负刍，以其地置楚郡。

【注释】

① 霸上：今陕西西安东南，霸水两岸。② 关：指武关，在今陕西丹凤东。③ 乞贷：向人乞讨物品。④ 怚（cū）：同"粗"。⑤ 陈：今河南淮阳。⑥ 蕲南：今安徽固镇以西。

【翻译】

王贲进攻楚国，取得十多城。秦王问将军李信道："我要拿下楚国，请将军估计一下需要用多少人才够？"李信说："不过用二十万人。"秦王把这个问题问王翦，王翦说："非六十万人不行。"秦王说："王将军老了，多么胆怯啊！"就派李信、蒙恬率领二十万人进攻楚国。王翦就借口有病辞归频阳。

……

李信进攻平舆，蒙恬进攻寝，大破楚军。李信又进攻鄢郢，攻克了。于是，他便率领军队向西推进，和蒙恬的军队在城父会合。楚国的军队便跟上他们，三天三夜不停留休息，把李信打得大败，攻入两座军垒，杀死七个都尉。李信逃回。

秦王听到这个消息，大怒。亲自到频阳去向王翦道歉说："寡人不用将军的计谋，李信果然玷辱了秦国的军威。将军即使有病，难道忍心抛弃寡人吗！"王翦推辞道："有病，不能带兵。"秦王道："好了，不用再说了！"王翦答道："必不得已用我，非六十万人不行！"秦王说："就听将军的安排吧。"于是王翦率领六十万人进攻楚国。秦王送他到霸上，王翦要求赏赐给他很多好田宅。秦王说："将军走吧，难道您还怕穷吗！"王翦答道："当大王的将军，立了功，最终也不会封侯，所以趁着大王信用臣的时候，讨田宅作为子孙的产业。"秦王大笑。王翦出发，到达武关，派使者回去讨良田，先后有五起。有人说："将军的乞讨也太过分了！"王翦说："不是这样，大王心地强悍而又不信任人，如今把全国的武装调出来统统交给我，我不为子孙多讨田宅来表示别无其他希冀，将使王由此怀疑我了。

二十三年，王翦攻取了陈以南的地区，到达了平舆。楚人听说王翦增添了兵马前来，就把国内的军队悉数调来抵御。王翦坚守营垒不与楚人交战。楚人多次挑战，秦军始终不出。王翦每天休整士兵，让他们梳洗沐浴，还给好饮食，加以抚慰，自己和士卒们一起用饭。过了一些时候，王翦派人问军中在玩什么，回答说："正在投石块、跳跃。"王翦说："可用了！"这时楚军既已找不到战机，就向东转移。王翦率军追赶，派壮士出击，大破楚军，到达蕲南，杀死了楚将军项燕，楚军就此溃败奔逃。王翦乘胜平定城邑。

二十四年，王翦、蒙武俘虏楚王负刍，将楚国的领土设置为楚郡。

垓下悲歌

——一位英雄的末路

农民大起义摧毁了秦的统治，接着是楚汉之争。公元前202年的垓下之战是楚汉战争中最后的一场大战，项羽的军队被刘邦彻底消灭。

本篇选自《资治通鉴》卷一一汉纪高帝五年（前202）。记载了号称“力拔山兮气盖世”的西楚霸王军困垓下，四面楚歌，挥泪别姬，最后乌江自刎的过程。

十二月，项王至垓下①，兵少，食尽，与汉战不胜，入壁。汉军及诸侯兵围之数重。项王夜闻汉军四面皆楚歌，乃大惊曰：“汉皆已得楚乎？是何楚人之多也！”则夜起，饮帐中，悲歌忼慨②，泣数行下。左右皆泣，莫能仰视。于是项王乘其骏马名骓③，麾下壮士骑从者八百余人④，直夜溃围南出驰走。平明，汉军乃觉之，令骑将灌婴以五千骑追之。项王渡淮，骑能属者才百余人。至阴陵⑤，迷失道，问一田父，田父绐曰“左”⑥。左，乃陷大泽中⑦，以故汉追及之。

【注释】

① 项王：项羽。垓下：今安徽灵璧东南。② 忼：通“慷”。③ 骓（zhuī）：青白杂色马。④ 麾（huī）：指挥用的旗。⑤ 阴陵：今安徽定远西北。⑥ 绐（dài）：欺骗。⑦ 泽：聚水的洼地。

项王乃复引兵而东，至东城[1]，乃有二十八骑；汉骑追者数千人。项王自度不得脱，谓其骑曰：“吾起兵至今，八岁矣。身七十余战，未尝败北，遂霸有天下。然今卒困于此，此天之亡我，非战之罪也！今日固决死，愿为诸君快战，必溃围、斩将、刈旗，三胜之，令诸君知天亡我，非战之罪也。”乃分其骑以为四队，四向。汉军围之数重。项王谓其骑曰：“吾为公取彼一将。”令四面骑驰下，期山东为三处。于是项王大呼驰下，汉军皆披靡。遂斩汉一将。是时，郎中骑杨喜追项王[2]，项王瞋目而叱之[3]，喜人马俱惊，辟易数里[4]。项王与其骑会为三处，汉军不知项王所在，乃分军为三，复围之。项王乃驰，复斩汉一都尉，杀数十百人；复聚其骑，亡其两骑耳。乃谓其骑曰：“何如？”骑皆伏曰：“如大王言！”

【注释】

① 东城：今安徽定远东南。② 郎中骑：当时的武职名称。③ 瞋（chēn）目：睁大眼瞪人。④ 辟易：以言吓退。

于是项王欲东渡乌江，乌江亭长舣船待①，谓项王曰：“江东虽小，地方千里，众数十万人，亦足王也。愿大王急渡！今独臣有船，汉军至，无以渡。”项王笑曰：“天之亡我，我何渡为！且籍与江东子弟八千人渡江而西②，今无一人还；纵江东父兄怜而王我，我何面目见之！纵彼不言，籍独不愧于心乎！”乃以所乘骓马赐亭长，令骑皆下马步行，持短兵接战。独籍所杀汉军数百人，身亦被十余创。顾见汉骑司马吕马童③，曰：“若非吾故人乎？”马童面之，指示中郎骑王翳曰：“此项王也。”④项王乃曰：“吾闻汉购我头千金，邑万户；吾为若德！”乃自刎而死。

【注释】

① 乌江：今安徽和县东北的乌江浦。亭长：当时在乡村设置的下级小官。舣（yǐ）船：使船靠岸。② 籍：项王名籍。③ 骑司马：当时的武职名称。④ 中郎骑：当时的武职名称。翳（yì）。

【翻译】

十二月，项王到垓下，兵少，粮食吃完，与汉军交战未能取胜，退入营垒。汉军和诸侯兵把他包围了好几层。项王在夜里听到四边的汉军都在唱楚歌，大惊道：“难道汉已经完全占领了楚地？何以汉军中楚人有这么多啊！”于是夜里起来，在帐中喝酒，慷慨悲歌，眼泪不断流下来。左右的人都哭了，没有人抬头看他。于是项王跨上他那匹名叫骓的骏马，带领着手下骑马跟随他的壮士八百多人，趁着夜色突破重围朝南方奔驰而去。到天亮后，汉军才发现，派骑将灌婴带领五千骑兵追击。项王渡过淮河，能跟上的骑士只剩下一百多人。到达阴陵，迷了路，问一个耕田的，耕田的骗他们说："向左。"他们向左走，就陷进大泽里，因此被汉军追赶上。

项王又带了兵马向东走，走到东城，只剩下二十八骑，汉骑追赶的有几千人。项王自料不能脱身，对他的骑士说："我起兵到现在，有八年了。身经七十余战，未曾败北，终于称霸天下。但现在竟然受困于此，这是天要亡我，不是仗打得不行啊！今天肯定要决一死战，愿为诸君痛快地打一仗，一定做到突破包围，斩杀敌将，砍倒敌旗，取得这三项胜利，好让诸君知道，是天要亡我，不是仗打得不行啊！"于是分骑士为四队，面对四方。当时汉军将他们包围了好几重。项王对骑士们说："我为诸公斩取他们的一个将领！"叫骑士从四方冲下，预先约定在山的东面分三处集合。于是项王大声呼号着飞驰而下。汉军都望风披靡。终于斩取了一名汉将。这时候，郎中骑杨喜追赶项王，项王瞪起眼睛大喝一声，杨喜人马都受惊，后退了好几里。项王和他的骑士会合成三处，汉军不知道项王在哪处，就分军为三，再次包围上来。项王纵马奔驰，又斩取汉军一名都尉，杀了几十上百人；再次会合他的骑士，只损失了两人。项王对骑士们说："怎么样？"骑士们都拜伏道："确实像大王所说的那样！"

于是项王想要东渡乌江，乌江的亭长把小船靠到岸边等待着，对项王说："江东虽然小，地盘也有千里，丁口几十万，也足以称王了。望大王赶快渡江！现在只有臣有船，汉军到了，他们没法渡过。”项王笑道：“这是天要亡我，我渡过去干什么！况且我项籍和江东子弟八千人渡江而西，现在没有一个人回来；即使江东父老爱怜我，尊我为王，我有什么面目见他们！即使他们不说，我项籍难道不自愧于心吗？”于是把所乘的骓马送给了亭长，下令骑士们都下马步行，持短兵器接战。单是项王所杀的汉军就有数百人，他身上也受了十多处创伤。看到汉军的骑司马吕马童，说：“你不是我当年的朋友吗？”马童面对项王，指给中郎骑王翳看：“这就是项王啊！”项王说：“我听说汉家要用千金买我的头，还给一万户的封邑；我就来成全你吧！”于是自刎而死。

诛灭诸吕

——一次反对外戚的斗争

汉高祖刘邦死后，皇后吕雉以太后身份秉政，排斥刘氏，安插外戚吕氏掌权。公元前 180 年吕后去世，在绛侯周勃、丞相陈平等人的谋划下，诛灭了诸吕。这是汉初政治史上的一件大事。

本篇选自《资治通鉴》卷一三汉纪高后八年（前 180），文中对这一事件的始末，斗争的形势，人物的政治态度都勾勒得十分清楚。

秋，七月，太后病甚，乃令赵王禄为上将军，居北军①；吕王产居南军②。太后诫产、禄曰："吕氏之王，大臣弗平。我即崩③，帝年少，大臣恐为变。必据兵卫宫，慎毋送丧，为人所制。"辛巳，太后崩，遗诏大赦天下④，以吕王产为相国，以吕禄女为帝后。高后已葬，以左丞相审食其为帝太傅⑤。诸吕欲为乱，畏大臣绛、灌等，未敢发。朱虚侯以吕禄女为妇，故知其谋，乃阴令人告其兄齐王，欲令发兵西，朱虚侯、东牟侯为内应，以诛诸吕，立齐王为帝。齐王乃与其舅驷钧、郎中令祝午、中尉魏勃阴谋发兵⑥。齐相召平弗听。八月丙午，齐王欲使人诛相；相闻之，乃发卒卫王宫。魏勃绐召平曰："王欲发兵，非有汉虎符验也⑦。而相君围王固善，勃请为君将兵卫王。"召平信之。勃既将兵，遂围相府；召平自杀。于是齐王以驷钧为相，魏勃为将军，祝午为内史⑧，悉发国中兵。

【注释】

① 北军：汉初宿卫京师的军队。② 南军：汉初皇宫的卫军。③ 崩：天子死叫崩，吕氏这时实际是皇帝，所以也可以叫崩。④ 遗诏：皇帝或执政的太后，在死后公布天下的遗嘱。⑤ 审食其（yì jī）：人名。⑥ 郎中令：当时皇帝和诸侯王左右最高的侍从官员。中尉：当时诸侯王国的中尉是王国的最高武职。⑦ 虎符：古时国家调兵的凭证。⑧ 内史：当时诸侯王国治理民政的官。

使祝午东诈琅邪王曰："吕氏作乱，齐王发兵欲西诛之。齐王自以年少，不习兵革之事，愿举国委大王。大王，自高帝将也；请大王幸之临淄，见齐王计事。"①琅邪王信之，西驰见齐王。齐王因留琅邪王，而使祝午尽发琅邪国兵，并将之。琅邪王说齐王曰："大王，高皇帝适长孙也②，当立；今诸大臣狐疑未有所定；而泽于刘氏最为长年，大臣固待泽决计。今大王留臣，无为也，不如使我入关计事。"③齐王以为然，乃益具车送琅邪王。琅邪王既行，齐遂举兵西攻济南[④]；遗诸侯王书[⑤]，陈诸吕之罪，欲举兵诛之。

相国吕产等闻之，乃遣颍阴侯灌婴将兵击之。灌婴至荥阳[⑥]，谋曰："诸吕拥兵关中，欲危刘氏而自立。今我破齐还报，此益吕氏之资也。"乃留屯荥阳，使使谕齐王及诸侯与连和，以待吕氏变，共诛之。齐王闻之，乃还兵西界待约。

【注释】

① 琅邪(yá)王：名刘泽。高帝：汉高祖刘邦。幸：古时帝王亲临叫幸。临淄：当时齐国都，今山东临淄。② 适(dí)：通"嫡"。③ 关：指函谷关。④ 济南：今山东济南东。⑤ 遗(wèi)：送。⑥ 荥(xíng)阳：今河南荥阳。

吕禄、吕产欲作乱，内惮绛侯、朱虚等[①]，外畏齐、楚兵；又恐灌婴畔之，欲待灌婴兵与齐合而发，犹豫未决。

当是时，济川王太、淮阳王武、常山王朝及鲁王张偃皆年少，未之国，居长安；赵王禄、梁王产各将兵居南、北军；皆吕氏之人也。列侯群臣莫自坚其命。

太尉绛侯勃不得主兵[②]。曲周侯郦商老病，其子寄与吕禄善。绛侯乃与丞相陈平谋，使人劫郦商，令其子寄往绐说吕禄曰："高帝与吕后共定天下，刘氏所立九王，吕氏所立三王[③]，皆大臣之议，事已布告诸侯，皆以为宜。今太后崩，帝少，而足下佩赵王印[④]，不急之国守藩，乃为上将，将兵留此，为大臣、诸侯所疑。足下何不归将印，以兵属太尉，请梁王归相国印，与大臣盟而之国。齐兵必罢，大臣得安；足下高枕而王千里，此万世之利也。”吕禄信然其计，欲以兵属太尉；使人报吕产及诸吕老人，或以为便，或曰不便，计犹豫未有所决。

吕禄信郦寄，时与出游猎，过其姑吕媭⑤。媭大怒曰：“若为将军而弃军，吕氏今无处矣。”乃悉出珠玉，宝器散堂下，曰：“毋为他人守也！”

【注释】

① 惮（dàn）：惧怕。② 太尉：当时的全国最高军事长官。③ 指刘氏所封的楚、代、淮南、吴、琅邪、齐、常山、淮阳、济川九王，及吕氏所封的梁、赵、燕三王。④ 足下：称对方所用的敬词。⑤ 吕媭（xū）：吕后的妹妹，是吕禄的姑母。

九月，庚申旦，平阳侯窋行御史大夫事①，见相国产计事。郎中令贾寿使从齐来，因数产曰②：“王不早之国，今虽欲行，尚可得耶！”具以灌婴与齐、楚合从欲诛诸吕告产③，且趣产急入宫④。平阳侯颇闻其语，驰告丞相、太尉。

太尉欲入北军，不得入。襄平侯纪通尚符节⑤，乃令持节矫内太尉北军⑥。太尉复令郦寄与典客刘揭先说吕禄曰：“帝使太尉守北军，欲足下之国。急归将印，辞去！不然祸且起。”⑦吕禄以为郦况不欺己⑧，遂解印属典客，而以兵授太尉。太尉至军，吕禄已去。太尉入军门，行令军中曰："为吕氏右袒，为刘氏左袒！"军中皆左袒。太尉遂将北军；然尚有南军。丞相平乃召朱虚侯章佐太尉；太尉令朱虚侯监军门，令平阳侯告卫尉："毋入相国产殿门！"⑨

【注释】

① 平阳侯窋(chù)：平阳侯曹窋。② 数(shuò)：指责，埋怨。③ 合从：战国时六国联盟以进攻秦国，称"合纵"。时齐、楚俱在东部，西向讨伐关中诸吕，与战国时"合纵"相类似，故称"合从"，"从"、"纵"古时相通。④ 趣(cù)：通"促"，催促。⑤ 尚：掌管。符节：古代传达命令、征调兵将，出入门关等所用的凭证。⑥ 矫：这里指矫诏。内(nà)：通"纳"。⑦ 典客：负责接待外国及少数民族使者的官员。⑧ 郦况：即郦寄。⑨ 卫尉：皇宫警卫部队的长官。

吕产不知吕禄已去北军，乃入未央宫，欲为乱。至殿门，弗得入，徘徊往来。平阳侯恐弗胜，驰语太尉。太尉尚恐不胜诸吕，未敢公言诛之，乃谓朱虚侯曰："急入宫卫帝！"朱虚侯请卒，太尉予卒千余人。入未央宫门，见产廷中。日餔时①，遂击产；产走。天风大起，以故其从官乱，莫敢斗；逐产，杀之郎中府吏厕中。朱虚侯已杀产，帝命谒者持节劳朱虚侯②。朱虚侯欲夺其节，谒者不肯。朱虚侯则从与载，因节信驰走，斩长乐卫尉吕更始。还，驰入北军报太尉，太尉起拜贺。朱虚侯曰："所患独吕产；今已诛，天下定矣！"遂遣人分部悉捕诸吕男女，无少长皆斩之。辛酉，捕斩吕禄而笞杀吕媭③，使人诛燕王吕通而废鲁王张偃。戊辰，徙济川王王梁。遣朱虚侯章以诛诸吕事告齐王，令罢兵。

灌婴在荥阳，闻魏勃本教齐王举兵，使使召魏勃至，责问之，勃曰："失火之家，岂暇先言丈人而后救火乎！④"因退立，股战而栗，恐不能言者，终无他语。灌将军熟视笑曰："人谓魏勃勇；妄庸人耳，何能为乎！"乃罢魏勃。灌婴兵亦罢荥阳归。

【注释】

① 餔(bǔ)：通"晡"，申时，即午后四时以后。② 谒者：给皇帝传达命令等的官员。③ 笞(chī)：用鞭子或棍棒敲打人。④ 丈人：长者。

【翻译】

秋天，七月里，太后病得很厉害，就任命赵王吕禄为上将军，掌管北军；吕王吕产掌管南军。太后告诫吕产、吕禄说："吕氏为王，大臣多不服。我很快就要驾崩，皇帝年纪小，大臣恐怕会有变乱。必须控制军队守卫皇宫，千万不要给我去送丧，以防被人所制！"辛巳(八月初一)，太后驾崩，遗诏大赦天下，以吕王吕产为相国，以吕禄的女儿为皇后。高后下葬后，又任命左丞相审食其为皇帝的太傅。诸吕想作乱，畏惧大臣绛侯周勃、灌婴等人，没有敢发动。朱虚侯刘章娶吕禄的女儿为妻，所以知道他们的阴谋，于是就暗中派人告诉自己的哥哥齐王刘襄，想叫他发兵西讨，由朱虚侯、东牟侯充当内应，诛杀诸吕，立齐王为帝。齐王就和舅父驷钧、郎中令祝午、中尉魏勃暗中谋划起兵。而齐相召平不听从。八月丙午(二十六日),齐王想派人杀掉召平,召平知道了,就发兵卒看守王宫。魏勃骗召平说:"王想发兵,并没有朝廷的虎符可以凭验,所以相君把王包围起来实在是做得对的,我魏勃请替您带兵看守王吧。"召平相信了他的话。魏勃领兵以后,就包围了相府,召平自杀。于是齐王任命驷钧为相,魏勃为将军,祝午为内史,把国里的兵马统统调动起来。

齐王派祝午东出哄骗琅邪王刘泽说:"吕氏作乱,齐王发兵准备西进诛讨。齐王自己考虑年纪轻,不懂军事,想把齐国的一切都交托给大王。大王在高帝时就充任过将领,请大王临幸临淄,和齐王当面商量。"琅邪王相信了这番话,赶忙西出去见齐王。齐王就此扣留琅邪王,派祝午去把琅邪国的兵马统统调动起来,一并归自己统率。琅邪王诱说齐王道:"大王是高皇帝的嫡长孙,应当立为皇帝;现在大臣们狐疑不定,而泽在刘氏中年龄最大,大臣们本来等待泽去决策。如今大王留住臣,并没有用,不如让我进关去商量。"齐王认为说得有道理,就多备车马送琅邪王。琅邪王动身以后,齐王就举兵西攻济南,送信给诸侯王,列举诸吕的罪状,说想要举兵诛讨。

相国吕产等知道这个消息,就派颍阴侯灌婴带兵去打齐王。灌婴到了荥阳,策划道:"诸吕拥兵关中,想危害刘氏而自立。现在我如果打败齐军回报,这就增加了吕氏的资本。"于是停驻在荥阳,派使者告知齐王及诸侯要和他们合作,来等待吕氏变乱,就共同诛讨。齐王听了,就退兵到齐国西部边界以等待实现盟约。

吕禄、吕产想要作乱，但对内顾忌绛侯、朱虚侯等人，外边害怕齐、楚的兵马；又担心灌婴背叛，要等待灌婴军和齐军交战以后再发动，犹豫不定。

这时候，济川王刘太、淮阳王刘武、常山王刘朝以及鲁王张偃年龄都太小，没有前往各自的封国，住在长安；赵王吕禄、梁王吕产各自带兵掌管南、北军。朝廷到处都是吕氏的人。列侯和大臣们对保全自己的性命都没有信心。太尉绛侯周勃不能掌握兵权。曲周侯郦商年老多病，他的儿子郦寄和吕禄友好。绛侯便与丞相陈平商量好，派人劫持了郦商，叫他的儿子郦寄去骗说吕禄道："高皇帝和吕后共同平定天下，刘氏所立有九个王，吕氏所立有三个王，都经大臣们议定，已通告诸侯，都认为合适。如今太后驾崩，皇帝年纪小，而足下佩着赵王印，不赶快到封国去充当藩臣，却身为上将，带兵留在京城里，被大臣、诸侯猜疑。足下何不归还将印，把军队归属太尉，再请梁王归还相国印，和大臣们结盟，然后前往封国。这样齐王必定罢兵，大臣得以安心，足下则可高枕无忧而称王千里之地，这才是万世之利。"吕禄相信并同意他的办法，打算把军队归属于太尉，派人报知吕产及诸吕老人，这些人中，有的认为这么做妥当，有的认为不妥，犹豫未能有所决断。

吕禄信任郦寄，时常一起外出游猎，顺便探望姑姑吕媭。吕媭大怒道："你身为上将却放弃军队，吕氏如今没有安身之地了！"于是把珠玉、宝器散置堂下，说："何必替人家看守！"

九月庚申（十日）早上，平阳侯曹窋职掌御史大夫之权，去见相国吕产商量事情。郎中令贾寿出使齐国回来，责怪吕产道:“大王不早到封国去,现在即使想去,还去得成吗?”他们把灌婴与齐、楚合纵想诛讨诸吕的打算告诉了吕产,并且催促吕产赶快进宫。平阳侯听到这番话,立即骑马去报告丞相陈平、太尉周勃。

太尉周勃想要进入北军,进不去。襄平侯纪通掌管符节,太尉就叫他持着节假传圣旨送太尉进入北军。太尉又叫郦寄和典客刘揭先去劝说吕禄:“现在皇帝命令太尉驻守北军,想叫足下去封国。该赶快归还将印,离开这里!否则,灾祸就要临头。”吕禄认为郦寄不会欺骗自己,就把将印解下来交给典客,把军队交给太尉。太尉周勃到达北军时,吕禄已经离去。太尉进入军门,在军中发布命令说:“支持吕氏的袒露右臂,支持刘氏的袒露左臂!”军中统统袒露左臂。太尉就此控制了北军,但还有南军。丞相陈平召来朱虚侯刘章辅佐太尉,太尉叫朱虚侯监守军门,叫平阳侯去通知卫尉:“不准让相国吕产进入殿门!”

吕产不知道吕禄已经离开北军,就进了未央宫,想要作乱。到了殿门,不能进入,在门外徘徊往来。平阳侯担心不能取胜,迅速把情况报告太尉。太尉还怕对付不了诸吕,没有敢公开说诛讨,只对朱虚侯说:“赶快进宫保卫皇帝!”朱虚侯要求派兵,太尉给了他一千多人。朱虚侯进入未央宫门,在廷中见到吕产。大约下午四时,对吕产下手,吕产逃跑。天上狂风大作,弄得吕产的从官乱成一团,没有人敢反抗格斗,朱虚侯追赶吕产,在郎中令府吏的厕所里把他杀死。朱虚侯既已杀了吕产,皇帝派谒者持了符节来慰问朱虚侯。朱虚侯想夺取符节,谒者不肯。朱虚侯便跟他上了车,凭借谒者所持的符节驱驰,进入长乐宫,杀掉长乐卫尉吕更始。回过头来驰入北军向太尉报告,太尉起身拜贺。朱虚侯说:“麻烦的只有吕产;现今已杀掉,天下安定了!”于是派人分头把诸吕男女统统抓起来,不分长幼都斩杀。辛酉(十一日),捕斩吕禄,打死吕媭,派人去诛杀燕王吕通,废黜鲁王张偃。戊辰(十八日),改派济川王刘太去做梁王。又派朱虚侯刘章把诛灭诸吕的事告诉齐王,叫他罢兵。

灌婴在荥阳,听说魏勃本来是教唆齐王起兵的,派使者召魏勃前来,责问他。魏勃说:“失火的人家,怎有时间先报告长者然后才救火!”说完就退立到一边,两条腿发抖,恐惧得不能言语,再不说别的话。灌将军仔细看了后笑着说:“人们说魏勃勇,其实是狂妄的庸人而已,能干得了什么呢!”于是放了魏勃。灌婴的军队也撤离荥阳返回长安。

霍光秉政

——权力之争的胜利者

好大喜功的汉武帝去世后，霍光、上官桀、桑弘羊等大臣以及皇室之间又出现了权力之争，霍光在汉昭帝的支持下取得了胜利。

本篇选自《资治通鉴》卷二三汉纪昭帝元凤元年(前80)。全篇对当时的矛盾斗争，对当时政治派系的状态，作了很清楚的交代。对年仅十四岁的汉昭帝的描写，尤其是他在朝堂上合乎逻辑的判断，更是点睛之笔。

上官桀父子既尊①，盛德长公主②，欲为丁外人求封侯③，霍光不许。又为外人求光禄大夫④，欲令得召见，又不许。长公主以是怨光，而桀、安数为外人求官爵弗能得，亦惭。又桀妻父所幸充国为太医监⑤，阑入殿中，下狱当死；冬月且尽⑥，盖主为充国入马二十匹赎罪⑦，乃得减死论。于是桀、安父子深怨光而重德盖主。自先帝时，桀已为九卿⑧，位在光右⑨，及父子并为将军，皇后亲安女，光乃其外祖⑩，而顾专制朝事，由是与光争权。燕王旦自以帝兄不得立，常怀怨望。及御史大夫桑弘羊建造酒榷、盐、铁⑪，为国兴利，伐其功，欲为子弟得官，亦怨恨光。于是盖主、桀、安、弘羊皆与旦通谋。

【注释】

① 上官桀父子既尊：当时上官桀是左将军，他的儿子上官安是昭帝的岳父，被任为车骑将军。② 长公主：汉武帝长女。汉昭帝是她抚养大。而上官安之女被立为皇后，是她出的力。③ 丁外人：姓丁名外人，为长公主所宠幸，形同夫妇。根据汉代制度，凡公主的丈夫，应具有列侯的身份，因此，上官桀父子想为丁外人求封侯。④ 光禄大夫：当时供皇帝顾问的官员。⑤ 太医监：皇室的医生叫太医，太医监是太医们的办公机构。⑥ 冬月且尽：冬月，冬天的十、十一、十二月，当时规定，判了死罪的犯人必须在本年冬月里执行。⑦ 盖主：即上面所说的长公主，她嫁给盖侯，故称盖主。入马二十匹：将二十匹马纳入官府，汉代有以财货赎罪的制度。⑧ 九卿：汉代一般以太常、光禄勋、卫尉、太仆、廷尉、大鸿胪、宗正、大司农、少府为九卿，是中央的高级官员。汉武帝时上官桀已任太仆。⑨ 位在光右：霍光在汉武帝时，由郎官渐升至光禄大夫，位仍在太仆上官桀之下，到武帝临终以霍光为大司马大将军，位才在上官桀之上。⑩ 光乃其外祖：霍光的长女为上官安之妻，故为上官安之女的外祖父。⑪ 榷(què)：专卖。盐、铁：指盐铁官营。

旦遣孙纵之等前后十余辈，多赍金宝、走马赂遗盖主、桀、弘羊等①。桀等又诈令人为燕王上书，言："光出都肄郎、羽林②，道上称跸③，太官先置。"④又引苏武使匈奴二十年不降乃为典属国⑤，大将军长史敞无功⑥，为搜粟都尉⑦。又擅调益莫府校尉⑧。光专权自恣，疑有非常。臣旦愿归符玺，入宿卫，察奸臣变。候司光出沐日奏之⑨。桀欲从中下其事，弘羊当与诸大臣共执退光。书奏，帝不肯下。明旦，光闻之，止画室中不入⑩。上问："大将军安在？"左将军桀对曰："以燕王告其罪，故不敢入。"有诏："召大将军。"光入，免冠，顿首谢。上曰："将军冠！朕知是书诈也，将军无罪。"光曰："陛下何以知之？"上曰："将军之广明都郎⑪，近耳；调校尉以来，未能十日，燕王何以得知之！且将军为非，不须校尉。"是时帝年十四，尚书、左右皆惊。而上书者果亡，捕之甚急。桀等惧，白上："小事不足遂。"上不听。后桀党与有谮光者⑫，上辄怒曰："大将军忠臣，先帝所属以辅朕身，敢有毁者坐之！"⑬自是桀等不敢复言。

……

【注释】

① 赍(jī)：带上。走马：能跑的快马，骏马。② 都肄(yì)：总检阅。郎：郎官。羽林：羽林骑。都是当时皇帝的侍从警卫。③ 跸(bì)：皇帝出行称跸，以禁止行人。④ 太官：汉代负责皇帝饮食的官。先置：皇帝出行，太官要提前到休息处准备好饮食。⑤ 典属国：汉代负责掌管少数民族

以及外国交往事务的官。⑥ 长史：大将军府中的主要官员。⑦ 搜粟都尉：汉代负责军事时期财务的官，不常设，级别同典属国。⑧ 调益：增选。莫(mù)府：即幕府，军队出征施用帐幕，所以大将军府可叫幕府。⑨ 司(sì)：同“伺”。沐：洗澡。古代官员休假叫休沐。⑩ 画室：有雕画的房子。⑪ 广明：广明亭，在长安城东。⑫ 谮(zèn)：诬陷。⑬ 毁：诋毁，诬告。坐：犯罪。

桀等谋令长公主置酒请光，伏兵格杀之，因废帝，迎立燕王为天子。旦置驿书往来相报，许立桀为王，外连郡国豪杰以千数。旦以语相平，平曰：“大王前与刘泽结谋①，事未成而发觉者，以刘泽素夸，好侵陵也。平闻左将军素轻易，车骑将军少而骄，臣恐其如刘泽时不能成，又恐既成反大王也。”旦曰：“前日一男子诣阙，自谓故太子②，长安中民趣乡之，正讙不可止③。大将军恐，出兵陈之，以自备耳。我，帝长子，天下所信，何忧见反！”后谓群臣：“盖主报言，独患大将军与右将军王莽④。今右将军物故⑤，丞相病，幸事必成，征不久。”令群臣皆装。

安又谋诱燕王至而诛之，因废帝而立桀。或曰：“当如皇后何？”安曰：“逐麋之狗⑥，当顾菟邪⑦！且用皇后为尊，一旦人主意有所移，虽欲为家人亦不可得⑧。此百世之一时也！”会盖主舍人父稻田使者燕仓知其谋⑨，以告大司农杨敞。敞素谨，畏事，不敢言，乃移病卧，以告谏大夫杜延年；延年以闻。九月，诏丞相部中二千石逐捕孙纵之及桀、安、弘羊、外人等⑩，并宗族悉诛之；盖主自杀。燕王旦闻之，召相平曰：“事败，遂发兵乎？”平曰：“左将军已死，百姓皆知之，不可发也。”王忧懑⑪，置酒与群臣、妃妾别。会天子以玺书让旦⑫，旦以绶自绞死⑬，后、夫人随旦自杀者二十余人。天子加恩，赦王太子建为庶人⑭，赐旦谥曰刺王⑮。皇后以年少，不与谋，亦霍光外孙，故得不废。

【注释】

① 刘泽：齐孝王刘将闾之孙，不是“诛灭诸吕”中讲到的琅邪王刘泽。汉昭帝元年(前8)，燕王旦认为自己年长于昭帝，当继承帝位，联络刘泽等人想谋反，事泄，刘泽等都被杀。昭帝因与燕王旦是至亲，未加追究。② 故太子：指武帝的太子，武帝征和二年(前91)因巫蛊之事逃亡自杀，但当时流传他未死。③ 讙(huān)：喧哗，吵闹。④ 王莽：不是后来夺取政权建立新朝的王莽。⑤ 物故：亡故。⑥ 麋(mí)：麋鹿。⑦ 菟(tù)：同“兔”。⑧ 家人：普通老百姓。⑨ 舍人：汉代皇后、公主的属官。稻田使者：征收稻田赋税的官，属大司农管。燕(yān)仓：姓燕名仓。⑩ 二千石：汉代郡太守的俸禄为二千石，所以也用二千石来称太守。⑪ 懑(mèn)：愤懑。⑫ 玺书：古代加封钤印的文书，秦以后专指皇帝的诏书。⑬ 绶(shòu)：丝带。⑭ 庶人：普通老百姓。⑮ 刺(là)：违逆。古代帝王、贵族、大臣等死后，多依其生前事迹给予一定的谥号。“刺”就是刘旦的坏谥号。

【翻译】

上官桀父子显贵了，很感激长公主，就想要求给丁外人封个侯爵，霍光不准。又想为丁外人求个光禄大夫，好让他能够得到召见，霍光又不准。长公主因此对霍光很怨恨，而上官桀、上官安几次给丁外人讨官爵不成，也感到失面子。又，上官桀岳父所宠幸的一个名叫充国的太医监，擅自闯进宫殿里，被逮捕下狱，当处死；冬月将尽，盖主缴纳二十匹马为充国赎罪，才使充国得以减罪免死。于是上官桀、上官安父子深恨霍光而更加感激盖主。在汉武帝时，上官桀已官居九卿之列，地位在霍光之上，等到父子都任将军，皇后是上官安的亲生女，霍光只是皇后的外祖父，反而专断朝廷政事，因此上官桀要和霍光争权。燕王刘旦自以为是皇帝的哥哥而未能立为皇帝，常怀怨恨不轨之心。而御史大夫桑弘羊设置酒榷并官营盐铁，替国家兴利，自夸有功，想给子弟们弄官做，也怨恨霍光。于是盖主、上官桀、上官安、桑弘羊都和燕王刘旦通谋。

刘旦派孙纵之等人前后十多起，带上很多黄金、宝器和骏马来贿赂盖主、上官桀、桑弘羊等人。上官桀等人又叫人用燕王的名义上书，说霍光在外对郎官和羽林骑总检阅，在路上竟假冒皇上威仪，叫太官提前准备饮食。又引苏武出使匈奴二十年不投降，回国后才做到典属国的事情，指出大将军的长史杨敞没有功劳，却做了搜粟都尉。并说霍光还擅自选增大将军幕府的校尉。霍光如此专权骄横，可能会有非常的举动。臣旦愿意归还燕王的符节玺印，入朝宿卫，监视奸臣以防变乱。”他们等霍光离开宫禁休假的那一天将这封书上奏给皇帝。上官桀准备在宫禁里把这个案子发下来，桑弘羊将和大臣们胁迫霍光退职。这封书奏上后，皇帝不肯发下来处理。第二天早上，霍光知道了，停留在画室里不再入殿。皇帝问："大将军在哪里？"左将军上官桀对答道："因为燕王告他有罪，所以不敢入殿。"皇帝下诏："召大将军。"霍光进入殿中，脱掉了帽子，叩头谢罪。皇帝说："将军戴上帽子！朕知道这封书有假，将军无罪。"霍光说："陛下怎会知道？"皇帝说："将军到广明检阅郎官，是前不久的事情；选用校尉到现在，还不到十天，燕王何以能知道！何况将军如果要谋反，也无须用校尉。"这时皇帝才十四岁，尚书、左右的大臣听了都大为吃惊。而那个上书者果真逃掉了，就加紧搜捕。上官桀等人害怕起来，对皇帝说："小事情不值得追究。"皇帝不听。后来上官桀党羽中有诬陷霍光的，皇帝就发怒说："大将军是忠臣，是先帝嘱咐他来辅佐我的，谁敢诋毁他就治罪！"从此上官桀等人不敢再说什么。

……

上官桀等人策划让长公主办了酒宴请霍光，埋伏下兵卒把他杀死，就此废掉皇帝，迎立燕王刘旦为皇帝。刘旦用邮驿和他们书信往来，答应立上官桀为王，还外连郡国的豪杰几千人。刘旦把这件事告诉了燕相名叫平的，平说："大王以前和刘泽通谋，其所以事未成就被发觉，是由于刘泽一向虚夸，喜欢侵犯凌辱他人。平听说左将军上官桀处事素欠稳重，车骑将军上官安年纪轻而且骄慢，臣担心会像和刘泽通谋时那样不能成功，又担心即使成功了，他们会反叛大王。"刘旦说："前些日子一个男子前往宫阙，自称是故太子,长安城中的居民跑来拥护他,吵闹得无法制止。大将军害怕了,出兵列阵自卫。我,是先帝的长子,为天下所信服,哪怕什么反叛!”后来又对臣下们说:“盖主通报消息说,麻烦的只有大将军和右将军王莽。如今右将军已亡故,丞相有病,大事有幸必定成功,不久就会来征召了。”命令臣下们都整治行装。

上官安又阴谋把燕王诱来杀掉,就此废黜皇帝而拥立上官桀。有人问:“该考虑一下皇后吧?”上官安说:“正在追逐麋鹿的猎狗,还会顾及兔子吗! 况且依靠皇后而尊显,一旦皇帝的心意有所转移,即使想当普通百姓也不成。这是百世难遇的好时机啊!”这时盖主舍人的父亲稻田使者燕仓知道了他们的阴谋,报告了大司农杨敞。杨敞素来谨慎怕事,不敢上告,就上书称病,只把情况告诉了谏大夫杜延年,杜延年上告皇帝。九月,皇帝下诏丞相所部二千石追捕孙纵之和上官桀、上官安、桑弘羊、丁外人等,连同他们的宗族统统处斩,盖主自杀。燕王旦听到这个消息,召国相平说:“事情已经失败,是否马上发兵?”平说:“左将军已经死了,百姓都已知道,不可再发兵了。”燕王忧愁愤懑,安排了酒宴和群臣、妃妾们诀别。正好这时皇帝下玺书指责刘旦,刘旦就用绶带把自己绞死,王后、夫人跟随刘旦自杀的有二十多人。天子加恩,赦免王太子刘建为庶人,赐刘旦谥为刺王。皇后因为年纪小,没有参与阴谋,同时还是霍光的外孙女,所以能够不被废黜。

昆阳之战

——以少胜多的战例

西汉末年，王莽夺取政权，建立新朝。但不久就出现绿林、赤眉等起义军以及各地拥汉势力的反抗。昆阳之战是双方的一次大决战，号称百万的新莽军队一败涂地，从而宣告了新莽政权的崩溃。后人常把它作为我国历史上以少胜多的一个战例。

本篇选自《资治通鉴》卷三九汉纪淮阳王更始元年(23)。文中除了对整个战争加以描述之外，尤其突出了后来成为东汉开国皇帝的光武帝刘秀在这次战役中的作用，渲染了他的见识和胆略，溢美之处，恐怕也是有的。

王莽闻严尤、陈茂败①，乃遣司空王邑驰传②，与司徒王寻发兵平定山东③；征诸明兵法六十三家以备军吏，以长人巨毋霸为垒尉④，又驱诸猛兽虎、豹、犀、象之属以助威武。邑至洛阳⑤，州、郡各选精兵，牧守自将，定会者四十三万人，号百万；余在道者，旌旗、辎重⑥，千里不绝。夏五月，寻、邑南出颍川⑦，与严尤、陈茂合。

诸将见寻、邑兵盛，皆反走，入昆阳⑧，惶怖，忧念妻孥⑨，欲散归诸城。刘秀曰："今兵谷既少而外寇强大，并力御之，功庶可立，如欲分散，势无俱全。且宛城未拔⑩，不能相救；昆阳即拔，一日之间，诸部亦灭矣。今不同心胆，共举功名，反欲守妻子财物邪！"诸将怒曰："刘将军何敢如是！"秀笑而起。会候骑还，言："大兵且至城北，军陈数百里，不见其后。"诸将素轻秀，及迫急，乃相谓曰："更请刘将军计之。"秀复为图画成败，诸将皆曰："诺。"时城中唯有八九千人，秀使王凤与廷尉大将军王常守昆阳⑪，夜与五威将军李轶等十三骑出城南门，于外收兵。

【注释】

① 严尤：时任纳言大将军；陈茂：时任秩宗大将军，都是王莽的将领。这是指他们在宛城一带被刘秀的哥哥刘縯(yǎn)所打败。② 司空：西汉成帝改御史大夫为司空，御史大夫在汉代本是丞相的副职。传(zhuàn)：古代驿所备的车辆叫传车，这个传就是传车的简称。③ 司徒：西汉哀帝时改丞相为司徒。山东：当时称崤山、华山以东的广大地区为山东，不是指今天的山东省。④ 垒尉：主持营垒的武将。⑤ 洛阳：今河南洛阳。⑥ 旌(jīng)：也是一种旗子。辎(zī)重：辎是一种有帷盖的大车，辎重本是指出行时所带的包裹箱笼，但后来多指军用物资。⑦ 颍(yǐng)川：今河南禹州。⑧ 昆阳：今河南叶县。⑨ 孥(nú)：儿女。⑩ 宛城：今河南南阳。这里指刘縯正在围攻宛城。⑪ 廷尉大将

军：起义军中的官职。

时莽兵到城下者且十万，秀等几不得出。寻、邑纵兵围昆阳，严尤说邑曰："昆阳城小而坚，今假号者在宛①，亟进大兵，彼必奔走；宛败，昆阳自服。"邑曰："吾昔围翟义②，坐不生得，以见责让，今将百万之众，遇城而不能下，非所以示威也。当先屠此城，蹀血而进③，前歌后舞，顾不快邪！"遂围之数十重，列营百数，钲鼓之声闻数十里④，或为地道，冲輣撞城⑤；积弩乱发⑥，矢下如雨，城中负户而汲。王凤等乞降，不许。寻、邑自以为功在漏刻⑦，不以军事为忧。严尤曰："兵法围城为之阙⑧。宜使得逸出，以怖宛下。"邑又不听。

……

【注释】

① 假号者：指刘玄，系刘氏宗室，被南阳一带的新市、平林等起义军立为皇帝。② 翟（zhái）义：原为汉东郡太守。起兵反对王莽称帝，王邑率兵围翟义于圉城，翟义逃出，最后被捕杀死。③ 蹀（dié）血：踏血。④ 钲（zhēng）鼓：古代军中鸣钲以示休止，擂鼓以示进击。⑤ 冲輣（péng）：冲是冲车，古代撞击敌城之用；輣是輣车，也叫楼车，高窥敌城之用。⑥ 弩（nǔ）：弩弓。⑦ 漏刻：漏是古代的计时器，漏刻就是顷刻。⑧ 阙：通"缺"。

刘秀至郾、定陵①，悉发诸营兵。诸将贪惜财物，欲分兵守之。秀曰："今若破敌，珍宝万倍，大功可成；如为所败，首领无余，何财物之有！"乃悉发之。六月，己卯朔②，秀与诸营俱进，自将步骑千余为前锋，去大军四五里而陈；寻、邑亦遣兵数千合战，秀奔之，斩首数十级③。诸将喜曰："刘将军平生见小敌怯，今见大敌勇，甚可怪也！且复居前，请助将军！"秀复进，寻、邑兵却，诸部共乘之，斩首数百千级。连胜，遂前，诸将胆气益壮，无不一当百，秀乃与敢死者三千人从城西水上冲其中坚。寻、邑易之，自将万余人行陈，敕诸营皆按部毋得动，独迎与汉兵战。不利，大军不敢擅相救，寻、邑陈乱，汉兵乘锐崩之，遂杀王寻。城中亦鼓噪而出，中外合势，震呼动天地，莽兵大溃，走者相腾践，伏尸百余里。会大雷风，屋瓦皆飞，雨下如注，滍川盛溢④，虎、豹皆股战，士卒赴水溺死者以万数，水为不流。王邑、严尤、陈茂轻骑乘死人渡水逃去。尽获其军辎重，不可胜算，举之连月不尽，或燔烧其余⑤。士卒奔走，各还其郡，王邑独与所将长安勇敢数千人还洛阳。关中闻之震恐。于是海内豪杰翕然响应⑥，皆杀其牧守，自称将军，用汉年号以待诏命；旬月之间⑦，遍于天下。

【注释】

① 郾(yǎn)：今河南漯河郾城。定陵：今河南舞阳北。② 朔：阴历每月初一日称"朔"。③ 斩首数十级：秦法斩一个敌人的头赐爵一级，后来就把斩几个人头叫做斩首若干

级。④ 滍(zhì)川：经过昆阳城北的一条河流。⑤ 燔(fán)：烧。⑥ 翕(xī)：一致。⑦ 旬：十天为一旬。

【翻译】

王莽听说严尤、陈茂战败，就派司空王邑乘上传车快速出动，和司徒王寻发兵平定山东；征集懂得兵法的人有六十三家以充军吏，用长人巨毋霸为垒尉，又驱使各种猛兽虎、豹、犀牛、大象之类来壮军威。王邑到了洛阳，各地州郡分头选派精兵，由州牧、郡守自己率领，定期会合的有四十三万人，号称百万，其余还在道路上的，尽是旌旗、辎重，络绎千里不绝。这年夏天五月里，王寻、王邑等向南出发到颍川，和严尤、陈茂会合。

各个将领看到王寻、王邑兵势浩大，都退走，进入昆阳，惶恐不安，挂念妻子儿女，想分兵散归各城。刘秀说："如今兵众和粮谷都缺少，而外边的敌人很强大，合力抵御，还可能成功；如果想要分散，势必都不会保全。况且宛城尚未拿下，不能前来救援，昆阳被打下了，一天中多路义军就都垮了。现在不同心协力，共成功名，倒还想守住妻子财物啊！"将领们发怒道："刘将军怎敢这样！"刘秀笑着站起身。当时正好侦察的骑兵回来，说："大军即将到达城北，军阵长达数百里，不见尽头。"将领们一向看不起刘秀，等到形势迫急，才互相说："再去请刘将军来商量！"刘秀再给大家规划成败，将领们都说："是。"当时城中只有八九千人，刘秀让王凤和廷尉大将军王常守昆阳，趁夜里自己和五威将军李轶等十三骑出昆阳城南门，到外边去征调救兵。

当时王莽大军到达城下的已将近十万，刘秀等人差一点出不去。王寻、王邑摆开兵马包围昆阳，严尤劝说王邑道："昆阳城小而坚固，现在假号称帝的在宛城，赶快把大军开过去，这伙人一定逃走；宛城那边溃败了，昆阳自然就会降服。"王邑说："我此前围攻翟义，因为没有当场把他生擒受到谴责，如今统率百万大军，碰上城池不能攻克，不能显示军威。该先屠此城，踏血前进，前歌后舞，岂不痛快！"于是就把昆阳城包围上几十重，布列营垒数以百计，钲鼓的声音传出数十里，有的地段挖掘地道，用冲车𫐐车撞城，弓弩乱发，箭如雨下，城中的人只能背着门板去打水。王凤等乞求投降，也不允许。王寻、王邑等自以为顷刻之间便可成功，不再为军事操心。严尤说："兵法上说，围城要留有缺口。应该让他们能够逃出去，让宛城外的敌人感到恐惧。"王邑又不听从。……

刘秀到郾、定陵，把各路军营里的兵马全部调出来，将领们贪恋财物，想要分兵看守。刘秀说："现在如能打败敌军，珍宝比这里多上万倍，大功也可告成；如果被打败，连脑袋都留不住，还能有什么财物！"就把他们统统调出来。六月，己卯朔日，刘秀和诸营兵马进逼敌军，他亲自率领了一千多步兵、骑兵充当前锋，在离敌军四五里处摆下了阵势。王寻、王邑也派几千兵前来交战，刘秀冲杀过去，斩杀好几十个敌人。将领们高兴地说："刘将军生平见到小敌胆怯，今天见了大敌勇敢，真可惊奇！请将军再作为前锋，我们帮助将军！"刘秀又前进，王寻、王邑的兵退却，各路兵一起杀上去，斩杀几百、上千个敌人。接连获胜，就乘势杀过去，将领们的胆子更大了，无不以一当百，刘秀就和三千不怕死的从城西水边冲击敌阵的中坚。王寻、王邑轻视他们，亲自率领了一万多人出阵，指示各营按部停驻不得妄动，单独迎战汉军，没打好，大军又不敢擅自救援，王寻、王邑的阵势乱起来，汉兵乘着锐气把他们击溃，就此杀死王寻。城中也擂起鼓、呼喊着冲出来，内外呼应，杀声震动天地，新莽军彻底溃败，逃路的人互相践踏，一百多里路上倒满了尸体。正好遇上打响雷刮狂风，屋上的瓦片都被刮飞。暴雨倾盆而下，滍川的水涨溢出来，虎、豹都害怕得腿发抖，士卒跑到水里，淹死的数以万计，弄得水都堵塞流不动。王邑、严尤轻装驰马从死人身上渡水逃跑。汉军把新莽军的辎重统统缴获，多得无法清点，连月搬运都运不完，有些搬不了的就烧掉。新莽军溃散的士卒四处奔走，各自回到自己的郡邑，只有王邑和他率领的长安勇敢之士数千人返回洛阳。关中听到这个消息大为震惊。于是海内豪杰一起响应，都杀了当地的州牧、郡守，自称将军，改用汉朝的年号以等待诏命；旬月之间，遍及全国。

出使西域

——沟通中原与西域的壮举

东汉明帝时，为了解决北方匈奴的威胁，需要重新控制西域。投笔从戎的班超完成了这个历史任务。

本篇选自《资治通鉴》卷四五汉纪明帝永平十六年(73)。文中对班超的临危不惧、大智大勇，作了很生动的描述。

固使假司马班超与从事郭恂俱使西域①。超行到鄯善②，鄯善王广奉超礼敬甚备，后忽更疏懈。超谓其官属曰："宁觉广礼意薄乎？"官属曰："胡人不能常久③，无他故也。"超曰："此必有北虏使来④，狐疑未知所从故也！明者睹未萌，况已著邪！"乃召侍胡，诈之曰："匈奴使来数日，今安在乎？"侍胡惶恐曰："到已三日，去此三十里。"超乃闭侍胡，悉会其吏士三十六人，与共饮，酒酣，因激怒之曰："卿曹与我俱在绝域⑤，今虏使到裁数日⑥，而王广礼敬即废。如令鄯善收吾属送匈奴，骸骨长为豺狼食矣⑦，为之奈何？"官属皆曰："今在危亡之地，死生从司马！"超曰："不入虎穴，不得虎子。当今之计，独有因夜以火攻虏，使彼不知我多少，必大震怖，可殄尽也⑧。灭此虏，则鄯善破胆，功成事立矣。"众曰："当与从事议之。"超怒曰："吉凶决于今日；从事文俗吏，闻此必恐而谋泄，死无所名，非壮士也。"众曰："善！"

【注释】

① 固：窦固，当时和耿忠等奉命出兵攻打匈奴。假司马：窦固出征时军中的部属，职位次于军司马。这里"假"不是真假的"假"，是假借的"假"，即非正职的司马只是暂用司马名义而已。从事：汉以来高级官员的僚属多任命为从事。② 鄯（shàn）善：西域国名，原名楼兰，在今新疆若羌一带。③ 胡人：汉人本称匈奴为胡，称匈奴以东的少数民族为东胡，匈奴以西、西域的少数民族以及中亚的外国人为西胡，后来又省略这个西字，通称西胡为胡。④ 北虏：对匈奴的贬称，因为匈奴在正北方。⑤ 绝域：极边远的地方。⑥ 裁：通"才"。⑦ 骸（hái）骨：尸骨。⑧ 殄（tiǎn）：歼灭。

初夜，超遂将吏士往奔虏营。会天大风，超令十人持鼓藏虏舍后，约曰："见火然①，皆当鸣鼓大呼。"余人悉持兵弩，夹门而伏。超乃顺风纵火；前后鼓噪，虏众惊乱，超手格杀三人，吏兵斩其使及从士三十余级，余众百许人悉烧死。明日乃还，告郭恂，恂大惊；既而色动，超知其意，举手曰："掾虽不行[②]，班超何心独擅之乎！"恂乃悦。超于是召鄯善王广，以虏使首示之，一国震怖。超告以汉威德："自今以后，勿复与北虏通！"广叩头："愿属汉，无二心。"遂纳子为质[③]。

还白窦固，固大喜，具上超功效，并求更选使使西域。帝曰："吏如班超，何故不遣，而更选乎？今以超为军司马，令遂前功！"[④]

固复使超使于寘[⑤]，欲益其兵；超愿但将本所从三十六人，曰："于寘国大而远，今将数百人，无益于强；如有不虞，多益为累耳。"

【注释】

① 然：通"燃"。② 掾（yuàn）：古代属官的通称，这里指郭恂。③ 质：抵押品，这里指人质。④ 遂：完成。⑤ 于寘（tián）：也作于阗。西域国名，在今新疆和田一带。

是时于寘王广德雄张南道[①]，而匈奴遣使监护其国。超既至于寘，广德礼意甚疏。且其俗信巫，巫言："神怒，何故欲向汉？汉使有騧马[②]，急求取以祠我！"广德遣国相私来比就超请马。超密知其状，报许之，而令巫自来取马。有顷，巫至，超即斩其首；收私来比，鞭笞数百。以巫首送广德，因责让之。广德素闻超在鄯善诛灭虏使，大惶恐，即杀匈奴使者而降。超重赐其王以下，因镇抚焉。于是诸国皆遣子入侍，西域与汉绝六十五载[③]，至是乃复通焉。

【注释】

① 南道:当时通西域有南、北两道。于寘地处南道。② 騧(guā)马:黑嘴黄马。③ 西域与汉绝六十五载:西汉时已通西域,王莽时西域和中原断绝关系,这六十五年是从王莽始建国元年(9)算起。

【翻译】

窦固派遣假司马班超和从事郭恂一起出使西域。班超前行到达鄯善,鄯善国王名叫广的接待班超,礼貌极为周到,可后来忽然变得疏慢起来。班超对他的部下说:"是否觉得国王广在礼貌上不如以前了?"部下说:"胡人做事有头无尾,不见得会有什么别的缘故。"班超说:"这一定是有北虏匈奴的使者来到,使国王在依从汉还是依从匈奴的问题上犹豫不定啊!明白人要在事情还没有露头时就觉察,何况情况已摆得如此清楚!"于是把服侍他们的胡人找来,骗他说:"匈奴使者来了几天,现在他们在哪里?"这个胡人惊惶不安地说:"来到已经三天,住处离开这里有三十里。"班超就把这个胡人关起来,召集自己带来的官吏士兵一共三十六人,一起喝酒,趁喝得兴头上,激怒他们说:"诸位和我都身处绝域,如今北虏使者到了才几天,国王广对我们已不再礼貌。如果让鄯善把我们抓起来送往匈奴,我们的尸骨也就只能成为豺狼的口中食了,该怎么办?"部下都说:"如今处于危亡之地,是死是活都听从司马!"班超说:"不进老虎洞,抓不到小老虎。如今的办法,只有趁夜火攻北虏,使他们不知道我们有多少人,必定大为震惊恐惧，可把他们全部歼灭。歼灭了这些北虏，鄯善的胆被吓破，就可建立大功。”大家说：“该和从事郭恂商量一下。”班超发怒说：“好坏决定在今日，从事是个只懂文墨的平庸官吏，知道了必定害怕而使计谋外泄，这样我们死得就会没有名目，不像个好汉！”大家说：“对！”

天黑下来不久，班超就率领官吏士卒直奔虏营。正好天刮大风，班超派十个人带着鼓躲到北虏屋舍的后面，约定：“见到火烧起来，要都擂鼓呐喊。”余下的人都带着兵刃和弓弩，在门两边埋伏。班超顺风放火，前后擂鼓呐喊，北虏慌了，乱成一团，被班超亲手斩杀了三个，官吏士卒们杀死那使者和三十多个随从，余下的一百多人全被烧死。第二天返回，告诉了郭恂，恂大为吃惊，接着脸色变了，班超明白他的意思，举了举手说：“你虽然没有前去，班超怎有心独占这份功劳呢！”郭恂才高兴起来。班超于是把鄯善王广召来，把匈奴使者的头给他看，整个鄯善国都感到震惊恐惧。班超宣示汉朝的国威恩德，说：“从今以后，不要再和北虏往来了！”国王广叩头，表示：“情愿归属汉朝，没有二心。”还把儿子送到洛阳去做人质。

班超返回报告窦固，窦固大为高兴，把班超的功劳详细地上奏皇帝，并要求再选派使者出使西域。皇帝说：“官吏像班超这样为什么不派而还要再选呢？现在就任命班超为军司马，让他继续完成以前的功业！”

窦固再次派遣班超出使于寘，要给他增添兵马，班超表示只带原先跟从自己的三十六人，说：“于寘国大，离开中原远，今天带上几百人，也不见得增加多少力量，如果有所不测，人多了反而会受牵累。”

这时的于寘国王名叫广德，称雄于南道。而匈奴则派使者驻于寘监护。班超到了于寘以后，广德在接待上很疏慢。当地风俗是相信巫术，巫师说："神发怒了，说为什么要归向汉朝？汉朝的使者有匹騧马，快取来祭祀神！"广德派国相名叫私来比的向班超要马。班超已经探悉情况，回答可以，要巫师亲自来取马。不一会，巫师到了，班超当即把他处斩，把私来比也抓起来，用鞭子抽打了几百下。把巫师的脑袋送给广德，并责问他。广德早就听说班超在鄯善诛灭匈奴使者，这时大为惶恐，就杀掉匈奴使者降汉。班超重重地赏赐了国王及其臣下，便安定抚慰他们。于是西域各国都派遣王子入侍朝廷，西域和汉朝隔绝了六十五年，到这时又恢复了关系。

党锢之祸

——宦官对士人的迫害

东汉末年,外戚、宦官和士人集团的矛盾激化。宦官集团左右朝政,在汉桓帝延熹九年(166)逮捕了以李膺为首的士人,下令禁锢终身,不许做官。到汉灵帝建宁二年(169),又扶持皇帝捕杀李膺、杜密等所谓"党人",史称"党锢之祸"。

本篇选自《资治通鉴》卷五六汉纪灵帝建宁二年(169),都是有关搜捕党人的记述。其中对范滂等人的气节作了赞许,但对张俭为了保全自己生命而殃及他人的举动也略有微辞。

汝南督邮吴导受诏捕范滂①,至征羌②,抱诏书闭传舍③,伏床而泣④,一县不知所为。滂闻之曰:"必为我也。"即自诣狱。县令郭揖大惊⑤,出,解印绶⑥,引与俱亡,曰:"天下大矣,子何为在此!"滂曰:"滂死则祸塞⑦,何敢以罪累君,又令老母流离乎?"其母就与之诀,滂白母曰:"仲博孝敬⑧,足以供养。滂从龙舒君归黄泉⑨，存亡各得其所。惟大人割不可忍之恩，勿增感戚！”仲博者，滂弟也。龙舒君者，滂父龙舒侯相显也。母曰：“汝今得与李、杜齐名⑩，死亦何恨！既有令名，复求寿考⑪，可兼得乎？”滂跪受教，再拜而辞。顾其子⑫曰：“吾欲使汝为恶，恶不可为；使汝为善，则我不为恶。”行路闻之，莫不流涕。

【注释】

① 汝南：是当时的郡，郡治在今河南平舆北。督邮：汉代郡守手下的佐吏，负责督察属县的工作。范滂：字孟博，当时著名的党人。② 征羌：今河南漯河东，当时属汝南郡。③ 传舍：驿所设置的住宿处。④ 床：当时的床坐卧两用，很低，和今天专供睡觉的床大不一样。⑤ 县令：一县的最高长官。⑥ 解印绶：当时的印上都穿有丝带，叫印绶，平时把官印用印绶佩带在腰间，解印绶就是弃官不做的行动。⑦ 塞：停止。⑧ 仲博：范滂弟弟的字。⑨ 黄泉：地下的流水，指葬身之处。⑩ 李、杜：李膺、杜密，都是当时名士，党人中的首要人物。⑪ 寿考：高年长寿。⑫ 顾其子：范滂的母亲看着他的儿子。

凡党人死者百余人，妻子皆徙边。天下豪杰及儒学有义行者，宦官一切指为党人；有怨隙者，因相陷害，睚眦之忿①，滥入党中。州、郡承旨，或有未尝交关，亦离祸毒，其死、徙、废、禁者，又六七百人。……

张俭亡命困迫②，望门投止，莫不重其名行，破家相容。后流转东莱[3]，止李笃家。外黄令毛钦操兵到门[4]，笃引钦就席[5]，曰："张俭负罪亡命，笃岂得藏之！若审在此，此人名士，明廷宁宜执之乎？"[6]钦因起抚笃曰："蘧伯玉耻独为君子[7]，足下如何专取仁义！"笃曰："今欲分之，明廷载半去矣！"[8]钦叹息而去。笃导俭经北海戏子然家[9]，遂入渔阳出塞[10]。其所经历，伏重诛者以十数，连引收考者布遍天下，宗亲并皆殄灭，郡、县为之残破。俭与鲁国孔褒有旧[11]，亡抵褒，不遇，褒弟融，年十六，匿之。后事泄，俭得亡走，国相收褒、融送狱，未知所坐。融曰："保纳舍藏者，融也，当坐。"褒曰："彼来求我，非弟之过。"吏问其母，母曰："家事任长，妾当其辜[12]。"一门争死，郡县疑不能决，乃上谳之[13]，诏书竟坐褒。及党禁解，俭乃还乡里，后为卫尉[14]，卒，年八十四。夏馥[15]闻张俭亡命，叹曰："孽自己作，空汙良善，一人逃死，祸及万家，何以生为！"乃自剪须变形，入林虑山中[16]，隐姓名，为冶家傭，亲突烟炭，形貌毁瘁[17]，积二三年，人无知者。馥弟静载缣帛追求饷之[18]，馥不受，曰："弟奈何载祸相饷乎！"党禁未解而卒。

【注释】

①睚眦（yá zì）：怒目而视，指小怨隙。②张俭：当时知名的"党人"。因曾检举宦官侯览的罪行，被诬陷遭追捕。③东莱：郡名，郡治在今山东黄县东。④外黄令：应作黄令。黄县当时属于东莱郡。⑤席：当时地上铺席，人一般跪坐在席上，也有设床以供跪坐的。⑥明廷：汉代人对

县令的尊称，犹如称明府、明公等。⑦ 蘧(qú)伯玉：名瑗，春秋时卫国人。⑧ 明廷载半去矣：意思是明廷不抓张俭，也就可以分得到一半仁义了。⑨ 北海：封国名，都城在今山东昌乐。戏子然：姓戏，名子然。⑩ 渔阳：今北京密云南。⑪ 鲁国：封国名，都城在今山东曲阜。⑫ 妾：古时妇女自称。辜：罪。⑬ 谳(yàn)：平议罪案。⑭ 卫尉：汉代九卿之一，掌管宫门警卫。⑮ 夏馥(fù)：当时被指为"党魁"。⑯ 林虑山：在今河南林州西，产铁。⑰ 瘁：(cuì)：憔瘁。⑱ 缣(jiān)：双丝所织的细绢。

【翻译】

汝南的督邮吴导接受诏书逮捕范滂，到了征羌县，抱着诏书把自己关在传舍里，伏在床上哭泣，县里都不知如何是好。范滂知道了说："必定为了我的事。"就自投监狱。县令郭揖大吃一惊，跑出来，解下印绶，拉着范滂要一起逃亡，说："天下大得很，您为什么一定留在这里！"范滂说："滂死了灾祸就会收场，怎敢来连累您，又让老母流离失所呢？"他的母亲前来和他诀别，范滂告诉母亲说："仲博孝顺，会很好供养大人，滂则跟从龙舒君归黄泉，存亡可各得其所。希望大人忍心割断恩爱，不要再多哀伤！"仲博，是范滂的弟弟。龙舒君，是范滂的父亲，做过龙舒侯相的范显。他的母亲回答说："你如今能够和李膺、杜密齐名，死了又有什么遗憾！既有了好名声，又想要高年长寿，两者能兼得吗？"范滂跪着领受教诲，再拜告辞。范母看着他的儿子说："我想要使你为恶，但恶不可为；使你为善，则我本不为恶。"过路的人听了无不流下眼泪。

当时党人被处死的计有一百多人,妻儿都被流放到边远地区。天下豪杰以及研习儒学有德行道义的宦官统统指为党人;有怨嫌的,乘机相互陷害,甚至由于睚眦之恨,也都滥入党人之中。州郡地方官秉承旨意,有些和党人毫无交往牵连的人,也都遭受祸害,这些人被处死、流放、禁锢不用的又有六七百。……

张俭在逃亡中十分困窘,看到人家的大门就要求进去住宿,人们知道他的声名操行,无不肃然起敬,宁愿遭受破家之祸也要收容。后来辗转流亡到东莱郡,住在李笃家里。外黄令毛钦带着兵刃来到李笃家,李笃请毛钦坐下来,说:"张俭负罪逃亡,我怎能窝藏他?如果确实在这里,此人是名士,明廷抓他难道是适宜的吗?"毛钦就起来拍着李笃说:"蘧伯玉不愿自己一个人做君子,足下怎能独擅仁义呢!"李笃说:"现在我想把仁义分让出来,明廷就带走一半吧!"毛钦叹息而去。李笃引导张俭经由北海戏子然家,遂进入渔阳到达塞外。他所经历之处,为了他伏罪被诛杀的人有好几十,牵连而被收捕拷掠的遍布天下,宗族、亲戚全都遭诛灭,郡、县因之残破。张俭和鲁国的孔褒是旧交,逃亡到孔褒那里,没有碰上。孔褒的弟弟孔融,才十六岁,就把张俭隐藏起来。后来事情泄露出去,张俭脱身逃亡,鲁国的国相收捕孔褒、孔融送进监狱,不知道该治谁的罪。孔融说:"把张俭留藏在家里的是我孔融,该坐罪。"孔褒说:"他是来求我的,不能算作弟弟的过错。"官吏问他们的母亲,母亲说:"家里的事由长辈作主,应由我担当罪名。"家门中互相争着赴死,郡、县定不下主意,就上报朝廷请求平议,诏书终于叫孔褒坐罪。到党禁解除,张俭才回到故乡，后来做了卫尉，死在任上，享年八十四。夏馥听到张俭逃亡的事情，感叹地说："灾祸是由自己招来的，白白地牵连良善无辜，一人逃命，祸及万家，这样活下来也没有意思！"于是自己剪掉胡须改变容貌，到林虑山里，隐姓埋名，当了经营冶炼者的佣工，冲着烟炭干活，形容憔悴，这样过了二三年，人们都不知道他是谁。夏馥的弟弟夏静载着缣帛追找到夏馥要给他，夏馥不接受，说："老弟怎么把祸害载来给我呢！"党禁还未解除，夏馥就去世。

火烧赤壁

——三国鼎立局面的奠定

东汉末年，群雄割据，曹操挟天子以令诸侯，定北方后挥戈南向，想一举平定江东。这时败退江夏的刘备和割据江东的孙权联合抗曹。赤壁一战，打败曹军，奠定三分天下的局面。

本篇选自《资治通鉴》卷六五汉纪献帝建安十三年(208)。其中对战前如何决策，战役如何进展作了生动的描述。

曹操自江陵将顺江东下①，诸葛亮谓刘备曰："事急矣，请奉命求救于孙将军②。"遂与鲁肃俱诣孙权③。亮见权于柴桑④，说权曰："海内大乱，将军起兵江东，刘豫州收众汉南⑤，与曹操共争天下。今操芟夷大难⑥，略已平矣，遂破荆州，威震四海。英雄无用武之地，故豫州遁逃至此，愿将军量力而处之！若能以吴、越之众与中国抗衡⑦，不如早与之绝；若不能，何不按兵束甲，北面而事之⑧！今将军外托服从之名，而内怀犹豫之计，事急而不断，祸至无日矣。"权曰："苟如君言，刘豫州何不遂事之乎？”亮曰：“田横⑨，齐之壮士耳，犹守义不辱，况刘豫州王室之胄⑩，英才盖世，众士慕仰，若水之归海。若事之不济，此乃天也，安能复为之下乎！”权勃然曰：“吾不能举全吴之地，十万之众，受制于人。吾计决矣！非刘豫州莫可以当曹操者；然豫州新败之后，安能抗此难乎？”亮曰：“豫州军虽败于长坂⑪，今战士还者及关羽水军精甲万人，刘琦合江夏战士亦不下万人⑫。曹操之众，远来疲敝，闻追豫州，轻骑一日一夜行三百余里，此所谓‘强弩之末势不能穿鲁缟’者也⑬！故兵法忌之，曰‘必蹶上将军’。⑭且北方之人，不习水战；又荆州之民附操者，偪兵势耳⑮，非心服也。今将军诚能命猛将统兵数万，与豫州协规同力，破操军必矣。操军破，必北还；如此，则荆、吴之势强，鼎足之形成矣⑯，成败之机，在于今日！”权大悦，与其群下谋之。

【注释】

① 江陵：今湖北江陵。江：长江。② 孙将军：孙权。当时他是汉讨虏将军。③ 鲁肃：孙权手下的重要人物，当时正出使到刘备处。④ 柴桑：今江西九江西。⑤ 刘豫州：刘备，本是豫州牧。汉南：汉水以南地区。⑥ 芟（shān）夷：铲除。大难：不容易对付的敌人，指袁绍、吕布等。⑦ 吴、越：指孙权控制的江南地区。中国：指曹操控制的中原地区。⑧ 北面：面向北，古代君主朝南而坐，臣下面北而朝。⑨ 田横：楚汉之争时，田横据齐地为王，为汉军所破。后来汉高祖刘邦要他去洛阳，他不甘受辱自杀。⑩ 胄

(zhòu)：后裔。刘备自称为汉中山靖王刘胜的后裔。⑪ 长坂：在今湖北当阳。⑫ 刘琦：刘表之子，时为江夏太守，和刘备合作。江夏：今湖北鄂城。⑬ 鲁缟(gǎo)：曲阜等地出产的丝织品，以轻细闻名。⑭ 忌：忌讳。蹶(jué)：颠仆。这句话见于《孙子·军争》。⑮ 偪(bī)：同"逼"，迫于。⑯ 鼎足之形：古时鼎常为三足，所谓鼎足三分。

是时，曹操遗权书曰："近者奉辞伐罪，旌麾南指，刘琮束手。今治水军八十万众，方与将军会猎于吴。"①权以示臣下，莫不响震失色。长史②张昭等曰："曹公，豺、虎也，挟天子以征四方，动以朝廷为辞。今日拒之，事更不顺。且将军大势可以拒操者，长江也；今操得荆州，奄有其地，刘表治水军，蒙冲斗舰③乃以千数，操悉浮以沿江，兼有步兵，水陆俱下，此为长江之险已与我共之矣，而势力众寡又不可论。愚谓大计不如迎之。"④鲁肃独不言。权起更衣⑤，肃追于宇下。权知其意，执肃手曰："卿⑥欲何言？"肃曰："向察众人之议，专欲误将军，不足与图大事。今肃可迎操耳，如将军不可也。何以言之？今肃迎操，操当以肃还付乡党，品其名位，犹不失下曹从事⑦，乘犊车⑧，从吏卒，交游士林，累官故不失州、郡也。将军迎操，欲安所归乎？愿早定大计，莫用众人之议也！"权叹息曰："诸人持议，甚失孤望⑨。今卿廓开大计，正与孤同。"

【注释】

① 奉辞伐罪：奉正辞，讨有罪。会猎：会合打猎。这里用打猎来喻交战。② 长史：汉代将军的属官，总管幕府事务。③ 蒙冲斗舰：用于战斗的舰船。④ 愚：对自己的谦称。⑤ 更衣：指上厕所。⑥ 卿：古代对人的敬称。⑦ 下曹从事：汉代州、郡所属从事都分曹工作，下曹从事就是各曹从事中最低下的。⑧ 犊（dú）车：犊是小牛，犊车是指牛拉的车。⑨ 孤：帝王自称孤。

时周瑜受使至番阳①，肃劝权召瑜还。瑜至，谓权曰："操虽托名汉相，其实汉贼也。将军以神武雄才，兼仗父兄之烈②，割据江东，地方数千里，兵精足用，英雄乐业，当横行天下，为汉家除残去秽，况操自送死，而可迎之邪！请为将军筹之：今北土未平，马超、韩遂尚在关西③，为操后患；而操舍鞍马，仗舟楫，与吴、越争衡；今又盛寒，马无藁草④；驱中国士众远涉江湖之间，不习水土，必生疾病。此数者用兵之患也，而操皆冒行之，将军禽操⑤，宜在今日。瑜请得精兵数万人，进住夏口⑥，保为将军破之！"权曰："老贼欲废汉自立久矣，徒忌二袁、吕布、刘表与孤耳⑦。今数雄已灭，惟孤尚存，孤与老贼势不两立！君言当击，甚与孤合，此天以君授孤也。"因拔刀斫前奏案⑧，曰："诸将吏敢复有言当迎操者，与此案同！"乃罢会。

【注释】

① 番(pó)阳：通常写作“鄱阳”，今江西鄱阳县。② 父兄之烈：父兄的功业，父指孙坚，兄指孙策，都是东吴割据事业的开创者。③ 关西：函谷关以西。④ 藁(gǎo)草：喂马的干草。⑤ 禽：通“擒”。⑥ 夏口：今湖北武汉。⑦ 二袁：袁绍、袁术；他们和吕布、刘表都是东汉末的割据势力。⑧ 斫(zhuó)：砍。奏案：批阅章奏的几案。

是夜，瑜复见权曰：“诸人徒见操书言水步八十万而各恐慑，不复料其虚实，便开此议，甚无谓也。今以实校之[①]，彼所将中国人不过十五、六万，且已久疲；所得表众亦极七、八万耳，尚怀狐疑。夫以疲病之卒御狐疑之众，众数虽多，甚未足畏。瑜得精兵五万，自足制之，愿将军勿虑！”权抚其背曰：“公瑾[②]，卿言至此，甚合孤心。子布、元表诸人[③]，各顾妻子，挟持私虑，深失所望；独卿与子敬与孤同耳[④]，此天以卿二人赞孤也！五万兵难卒合[⑤]，已选三万人，船粮战具俱办。卿与子敬、程公，便在前发[⑥]，孤当续发人众，多载资粮，为卿后援。卿能办之者诚决，邂逅不如意[⑦]，便还就孤，孤当与孟德决之。”[⑧]遂以周瑜、程普为左右督，将兵与备并力逆操，以鲁肃为赞军校尉，助画方略。

【注释】

① 校(jiào)：核实。② 公瑾：周瑜的字。③ 子布：张昭的字。元表：可能是文表之误，文表是另一位东吴大臣秦

松的字。④ 子敬：鲁肃的字。⑤ 卒：通“猝”。⑥ 程公：指东吴大将程普。⑦ 邂逅(xiè hòu)：不期而会。⑧ 孟德：曹操的字。

刘备在樊口[1]，日遣逻吏于水次候望权军。吏望见瑜船，驰往白备，备遣人慰劳之。瑜曰：“有军任，不可得委署[2]；倘能屈威[3]，诚副其所望。”备乃乘单舸往见瑜[4]，曰：“今拒曹公，深为得计。战卒有几？”瑜曰：“三万人。”备曰：“恨少。”瑜曰：“此自足用，豫州但观瑜破之。”备欲呼鲁肃等共会语，瑜曰：“受命不得妄委署；若欲见子敬，可别过之。”备深愧喜。

【注释】

① 樊口：今湖北鄂州。② 委署：弃置。③ 屈威：指刘备屈尊来见周瑜。④ 舸(kē)：大船，有时也指小船或一般的船。

进，与操遇于赤壁[1]。时操军众已有疾疫[2]。初一交战，操军不利，引次江北。瑜等在南岸。瑜部将黄盖曰：“今寇众我寡，难与持久。操军方连船舰，首尾相接，可烧而走也。”乃取蒙冲斗舰十艘，载燥荻、枯柴[3]，灌油其中，裹以帷幕，上建旌旗，预备走舸[4]，系于其尾。先以书遗操，诈云欲降。时东南风急，盖以十舰最著前，中江举帆，余船以次俱进。操军吏士皆出营立观，指言盖降。去北军二里余，同时发火，火烈风猛，船往如箭，烧尽北船，延及岸上营落。顷之，烟炎张天，人马烧溺死者甚众。瑜等率轻锐继其后，雷鼓大震，北军大坏。操引军从华容道步走⑤，遇泥泞，道不通，天又大风，悉使羸兵负草填之⑥，骑乃得过。羸兵为人马所蹈藉，陷泥中，死者甚众。刘备、周瑜水陆并进，追操至南郡⑦。时操军兼以饥疫，死者太半。操乃留征南将军曹仁、横野将军徐晃守江陵，折冲将军乐进守襄阳⑧，引军北还。

【注释】

① 赤壁：今湖北嘉鱼北。② 疫：古人把急性传染病都叫疫。③ 燥荻（dí）：干芦苇。④ 走舸：可以快速行走的船。⑤ 华容道：在今湖北沙市东。⑥ 羸（léi）兵：疲弱的兵。⑦ 南郡：治所在今湖北江陵。⑧ 襄阳：今湖北襄阳。

【翻译】

曹操从江陵将沿着长江东下。诸葛亮对刘备说："事态紧急了，请让我奉您的命令求救于孙将军。"就和鲁肃一起去孙权处。诸葛亮在柴桑见到了孙权，对孙权劝说道："海内大乱，将军起兵于江东，刘豫州收众于汉南，和曹操共争天下。如今曹操想铲除的那些不好对付的敌手，大体都已解决，乘势拿下荆州，威震四海。弄得英雄无用武之地，所以刘豫州逃避到这里，希望将军能估量一下实力来对付这个局面！如果能用吴、越之众和中国抗衡，不如趁早和曹操决裂；如果不能，何不收兵束甲，对曹操表示臣服！现在将军表面上假托服从之名，而内心犹豫不定，事态紧迫，而不能作出决断，大祸降临就在眼前了。”孙权说：“如果像您所说的那样，刘豫州为什么不就此臣服曹操呢？”诸葛亮说：“田横，只是齐国的壮士，尚且能守大义而不甘屈辱，更何况刘豫州是王室后裔，英才盖世，为豪杰所仰慕，像百川之归向大海。如果事业不能成功，乃是天意，怎么能再屈服于曹操呢！”孙权勃然作色道：“我不能把全吴之地，十万之众，去受人控制。我已想定了！除了刘豫州便没有人能和曹操对敌，然而刘豫州刚吃过败仗，怎么能对付这样的强敌呢？”诸葛亮说：“刘豫州虽然在长坂战败，如今战士归队的以及关羽统辖的水军还有精兵一万，刘琦召集的江夏战士也不下于一万。曹操的兵马，远道而来已经疲惫，听说追赶刘豫州时，轻骑一天一夜急行才走三百多里，这就是所谓强弩射出的箭到最后连鲁缟也不能穿透啊！所以兵法十分忌讳这种事，说上将军也一定会遭到挫败。况且北方的人，不习惯于水上作战，加之荆州的民众所以归附曹操，只是迫于他的兵威，不是心服。如今将军真能任命猛将统兵数万，和刘豫州同心协力，打败曹操军队是可以肯定的。曹操军队吃了败仗，必定撤回北方，这样，荆、吴的势力强大，三足鼎立的态势就形成了。成败的关键，就在于今日！”孙权大为高兴，去和他的下属们谋划。

这时，曹操送了一封信给孙权说：“近来我奉辞伐罪，旌旗南指，刘琮已束手归降。如今整治水军八十万众，将和将军在吴地会猎。”孙权把它给臣下看，臣下无不震惊得变了面色。长史张昭等说：“曹公是豺虎，挟持天子以征讨四方,动辄便以朝廷为借口。现在要抗拒他,就更不合情理。况且就大势而言,将军之可以用来抗拒曹操的,乃是长江,现在曹操取得荆州,完全占有那里的土地,刘表编练水军,蒙冲斗舰数以千计,曹操把它全都开到长江里顺流东下,还加上步兵,水陆两路并进,这样已和我们共有长江之险,而双方势力众寡更无从比拟。我以为从大处来看不如迎接曹公。"唯独鲁肃不讲话。孙权起身上厕所,鲁肃追到屋檐下。孙权明白他的意思,拉着他的手说:"卿要说什么话?"鲁肃说:"刚才审察众人的议论,都一味想误将军,不足以和他们谋划大事。如今我鲁肃可以迎接曹操,像将军这样可不行。这话怎么说呢?我如今迎接曹操,曹操该把我交付乡党,品评我的名位,还可做个下曹从事,乘着牛车,带着吏卒,和文士们交往,多次升迁还可做到州牧、郡守。将军迎接曹操将要得到什么归宿呢?希望早日定下大计,切莫听从众人的议论!"孙权叹息道:"他们的议论,很使孤失望。如今你陈说大计,正同孤意。"

当时周瑜受命出使到鄱阳,鲁肃劝孙权召回周瑜。周瑜来到,对孙权说:"曹操虽托名汉朝的丞相,其实是汉朝的逆贼。将军凭自己的神武雄才,又依仗父兄的丰功伟业,割据江东,地域方数千里,士卒精良,财用充足,当地的英雄各安本分而无异心,理当横行天下,为汉朝除去秽暴。何况曹操自己前来送死,怎么可迎接他呢?请容我为将军策划:眼下北方尚未平定,马超、韩遂还在关西,成为曹操的后患,而曹操舍弃鞍马,依仗舟楫,和吴、越争衡,现在又正是隆冬寒天,战马缺少草料,驱使中原的战士远来江湖之间,水土不服,必生疾病。以上这些都是用兵之所忌,而曹操都犯而行之，将军擒获曹操，正该在今日。瑜要求得到精兵数万，进驻夏口，保证为将军破敌！”孙权说：“老贼早就想废汉自立了，只是顾忌二袁、吕布、刘表和孤。现在这几位都已覆灭，唯孤尚在，孤与老贼势不两立！君主张要打，甚合孤意，这是天把君赐予孤家。”接着拔刀砍面前奏案，说：“各位将官敢再讲该迎曹操的，和此案同样对待！”于是结束了会议。

这天夜里，周瑜再一次进见孙权说：“诸人只是见到曹操来信中讲有水军步兵八十万而各自恐惧震慑，不再估计其虚实，就发出了这样的议论，实在太没有道理了。现在来核实一下，他所统率中原地区的战士不过十五六万，而且早已疲惫；所得到的刘表兵众最多也只有七、八万，还多狐疑不安。以疲病的兵卒来驾驭狐疑之众，人数虽多，实不足畏惧。我有精兵五万，就足以制胜，请将军不必顾虑！”孙权拍他的背说：“公瑾，卿的话说到这一层，甚合孤意。子布、元表等人，各顾妻儿，为自己打算，使我大失所望，独君与子敬和孤的想法相同，这是天赐君等二人来赞助孤啊！五万兵难以一下子凑够，已选取了三万人，船只粮食战斗用具也都置办齐备。您和子敬、程公就先行进发，孤家当继续调发兵众，多载物资粮草，给您做后援。您能对付得了就决战，如果突然相遇打得不很如意，那就回来和孤合兵，孤当和孟德决战。”于是就分别任周瑜、程普为左、右督，统兵与刘备合力迎战曹操，任命鲁肃为赞军校尉，协助策划作战方略。

刘备在樊口，每天派逻吏在水边探候孙权部队。属官看到周瑜的船只，快马飞报刘备，刘备派人去慰劳周瑜。

周瑜说："现在我军务在身，不能弃置不理，豫州倘能屈威相见，真是我所期望的。"刘备就乘小船去见周瑜，说："现在抗拒曹公，极为得计。不知战士有多少？"周瑜说："三万人。"刘备说："可惜太少。"周瑜说："这够用了，豫州且看瑜破敌。"刘备想叫鲁肃等人前来一起交谈，周瑜说："接受了任务不可随便弃置不理，如想要见子敬，可另行前往造访。"刘备暗自高兴。

大军挺进，和曹操相遇于赤壁。这时，曹操兵众已闹急性传染病。刚一接触，曹军不利，就把船舰引靠到长江北岸。周瑜等在南岸。周瑜的部将黄盖说："当前寇众我寡，很难和他们长期相持。曹军最近把战船连起来，首尾相接，可纵火烧船使他们败走。"于是取蒙冲斗舰十艘，装载干芦苇、枯柴，在里面灌了油，再用帷幕覆裹起来，上面竖起旌旗，并预备快船，系在斗舰的船尾。先写信送给曹操，假意说是要投降。当时东南风正急，黄盖把这十艘斗舰当作前列，驶到长江中心扬起船帆，其余战船顺次同进。曹军官吏士卒都走出军营站着观看，指着那些江中的船说黄盖来投降了。离开北军还有二里多，黄盖斗舰上同时发火，火烈风猛，带火的船像箭一样冲过去，把北军的战船全烧了，大火还漫延到岸上的营垒。不一会，烈火浓烟冲天，曹军人马烧死、淹死的极多。周瑜等率领轻疾精锐的部队跟在黄盖斗舰后面，鼓声大震，北军彻底崩溃。曹操带领兵马从华容道步行撤退，遇到泥泞之处，道路不通，天又刮起大风，就叫疲弱的兵卒统统背了草填路，人马才得以通过。疲弱的兵卒被人马所践踏，陷进泥里，死掉的极多，刘备、周瑜水陆并进，追赶曹操一直到达南郡。这时曹军加上饥饿闹病,死去的有一大半。曹操于是留下征南将军曹仁、横野将军徐晃驻守江陵,折冲将军乐进驻守襄阳,自己则带着军队返回北方。

肥水之战

——风声鹤唳草木皆兵的故事

司马氏建立的西晋政权结束了三国鼎立的局面，不久又宣告崩溃，司马氏的一支偏安于长江流域，建立东晋政权，黄河流域重新出现大动乱。前秦的苻坚暂时统一北方后，发动号称百万的大军对东晋进攻。东晋政权以八万神兵迎击取胜，史称“肥水之战”。

本篇选自《资治通鉴》卷一〇五晋纪孝武帝太元八年(383)。其中对战役的始末作了较全面的描述，对苻坚、谢玄等人物形象的刻画也很成功。

秦王坚下诏大举入寇，民每十丁遣一兵；其良家子年二十已下有材勇者①，皆拜羽林郎②。又曰：“其以司马昌明为尚书左仆射，谢安为吏部尚书，桓冲为侍中③；势还不远，可先为起第。”良家子至者三万余骑，拜秦州主簿赵盛之为少年都统④。是时，朝臣皆不欲坚行，独慕容垂、姚苌及良家子劝之⑤。阳平公融言于坚[6]，曰："鲜卑、羌虏，我之仇雠，常思风尘之变[7]，以逞其志，所陈策画，何可从也！ 良家少年皆富饶子弟，不闲军旅[8]，苟为谄谀之言以会陛下之意[9]。 今陛下信而用之，轻举大事，臣恐功既不成，仍有后患，悔无及也！"坚不听。

【注释】

① 良家子：所谓出身清白、有地位人家的子弟。② 羽林郎：皇帝的宿卫官。③ 司马昌明：东晋孝武帝名曜，字昌明。尚书左仆射：当时尚书令和左右仆射都是尚书省的长官，都是宰相。谢安：东晋宰相。吏部尚书：尚书省所属吏部长官，主管人事工作。桓冲：东晋镇守荆州的重臣。侍中：侍从皇帝的高级官员。④ 秦州：今甘肃天水。主簿：州、郡掌管文书的官员。⑤ 慕容垂：鲜卑族首领。姚苌(cháng)：羌族首领。当时都臣服于苻坚。⑥ 阳平公融：苻坚的弟弟苻融，封阳平公。⑦ 风尘之变：突然的变化。⑧ 闲：通"娴"，熟悉。⑨ 谄谀(chǎn yú)：阿谀奉承。会：迎合。陛(bì)下：对皇帝的尊称。

八月，戊午，坚遣阳平公融督张蚝、慕容垂等步骑二十五万为先锋[1]；以兖州刺史姚苌为龙骧将军[2]，督益、梁州诸军事[3]。 坚谓苌曰："昔朕以龙骧建业，未尝轻以授人，卿其勉之！"左将军窦冲曰："王者无戏言，此不祥之征也！"坚默然。

慕容楷、慕容绍言于慕容垂曰："主上骄矜已甚[4]，叔父建中兴之业[5]，在此行也！”垂曰：“然。非汝，谁与成之！”

甲子，坚发长安，戎卒六十余万，骑二十七万，旗鼓相望，前后千里。九月，坚至项城[6]，凉州之兵始达咸阳[7]，蜀、汉之兵方顺流而下[8]，幽、冀之兵至于彭城[9]，东西万里，水陆齐进，运漕万艘[10]。阳平公融等兵三十万，先至颍口[11]。

【注释】

① 张蚝(cì)：苻坚的大将。② 兖(yǎn)州：今山东东阿一带。③ 益、梁州：益州治所在今四川成都，梁州治所在今陕西汉中。督某某州诸军事：是当时一种军事制度，即任某某州的军事长官。④ 骄矜(jīn)：骄傲自大。⑤ 中兴之业：鲜卑的前燕为苻秦所灭，中兴之业是指恢复燕国。⑥ 项城：今河南沈丘。⑦ 凉州：治所在今甘肃武威。⑧ 蜀：今四川中部北部。汉：今四川北部到陕西汉中一带。⑨ 幽、冀：幽州、冀州，均在今河北。彭城：今江苏徐州。⑩ 漕：水道运粮。⑪ 颍口：今安徽颍上东南的正阳关，是颍水进入淮河之处。

诏以尚书仆射谢石为征虏将军、征讨大都督，以徐、兖二州刺史谢玄为前锋都督[1]，与辅国将军谢琰、西中郎将桓伊等众共八万拒之；使龙骧将军胡彬以水军五千援寿阳[2]。琰，安之子也。

是时，秦兵既盛，都下震恐。谢玄入，问计于谢安，安夷然，答曰："已别有旨。"既而寂然。玄不敢复言，乃令张玄重请。安遂命驾出游山墅③，亲朋毕集，与玄围棋赌墅。安棋常劣于玄，是日，玄惧，便为敌手，而又不胜。安遂游陟④，至夜乃还。桓冲深以根本为忧⑤，遣精锐三千入卫京师；谢安固却之，曰："朝廷处分已定，兵甲无阙，西藩宜留以为防⑥。"冲对佐吏叹曰⑦："谢安石有庙堂之量⑧，不闲将略。今大敌垂至，方游谈不暇，遣诸不经事少年拒之，众又寡弱，天下事已可知，吾其左衽矣！⑨"……

【注释】

① 徐、兖二州：都是东晋侨置的州。② 寿阳：今安徽寿县。③ 命驾：安排车子出行。山墅（shù）：山间里的别墅。④ 陟（zhì）：登山。⑤ 根本：此指东晋都城建康，今江苏南京。⑥ 西藩：西边的屏藩。桓冲所镇荆州在建康之西，所以称西藩。⑦ 佐吏：幕府中辅助办事者叫佐吏。⑧ 庙堂之量：处理朝廷大事的才能，指宰相之才。⑨ 左衽：衣襟开在左边，是北方少数民族的习俗，这里是说要沦为氐族苻坚的臣民了。

冬十月，秦阳平公融等攻寿阳。癸酉，克之，执平虏将军徐元喜等。融以其参军河南郭褒为淮南太守①。慕容垂拔郧城②。胡彬闻寿阳陷，退保硖石③，融进攻之。秦卫将军梁成等帅众五万屯于洛涧④，栅淮以遏东兵⑤。谢石、谢玄等去洛涧二十五里而军，惮成不敢进。胡彬粮尽，潜遣使告石等曰："今贼盛，粮尽，恐不复见大军！"秦人获之，送于阳平公融。融驰使白秦王坚曰："贼少易擒，但恐逃去，宜速赴之！"坚乃留大军于项城，引轻骑八千，兼道就融于寿阳。遣尚书朱序来说谢石等[6]，以为强弱异势，不如速降。序私谓石等曰："若秦百万之众尽至，诚难与为敌。今乘诸军未集，宜速击之；若败其前锋，则彼已夺气，可遂破也。"

【注释】

① 参军：幕僚中的一种。淮南：郡名，治所本在寿阳。② 郧（yún）城：今湖北安陆。③ 硖（xiá）石：今安徽凤台西南。④ 洛涧：又称洛河，在今安徽淮南东。⑤ 栅（zhà）：栅栏，这里是动词。遏（è）：阻拦，遏制。⑥ 朱序：本是东晋襄阳太守，被秦兵所擒，被迫降敌。

石闻坚在寿阳，甚惧，欲不战以老秦师。谢琰劝石从序言。十一月，谢玄遣广陵相刘牢之帅精兵五千趋洛涧[1]，未至十里，梁成阻涧为陈以待之。牢之直前渡水，击成，大破之，斩成及弋阳太守王咏[2]；又分兵断其归津[3]，秦步骑崩溃，争赴淮水，士卒死者万五千人，执秦扬州刺史王显等[4]，尽收其器械军实。于是谢石等诸军，水陆继进。秦王坚与阳平公融登寿阳城望之，见晋兵部阵严整，又望八公山上草木[5]，皆以为晋兵，顾谓融曰："此亦勍敌[6]，何谓弱也！"怃然始有惧色。

【注释】

①广陵：广陵国，治所在今江苏扬州。②弋阳：郡名，治所在今河南光山北。③津：渡口。④秦扬州：秦的扬州治所。原在今江苏邳州附近，后移今安徽寿县。⑤八公山：在今安徽寿县北。⑥勍(qíng)敌：强敌。

秦兵逼肥水而陈①，晋兵不得渡。谢玄遣使谓阳平公融曰："君悬军深入，而置陈逼水，此乃持久之计，非欲速战者也。若移陈少却，使晋兵得渡，以决胜负，不亦善乎？"秦诸将皆曰："我众彼寡，不如遏之，使不得上，可以万全。"坚曰："但引兵少却，使之半渡，我以铁骑蹙而杀之②，蔑不胜矣。"③融亦以为然，遂麾兵使却。秦兵遂退，不可复止。谢玄、谢琰、桓伊等引兵渡水击之。融驰骑略陈，欲以帅退者，马倒，为晋兵所杀，秦兵遂溃。玄等乘胜追击，至于青冈④；秦兵大败，自相蹈藉而死者，蔽野塞川。其走者风声鹤唳⑤，皆以为晋兵且至，昼夜不敢息，草行露宿，重以饥冻，死者什七八⑥。初，秦兵少却，朱序在阵后呼曰："秦兵败矣！"众遂大奔。序因与张天锡、徐元喜皆来奔⑦。获秦王坚所乘云母车⑧。复取寿阳，执其淮南太守郭褒。……

谢安得驿书⑨，知秦兵已败，时方与客围棋，摄书置床上，了无喜色，围棋如故。客问之，徐答曰："小儿辈遂已破贼。"既罢，还内，过户限，不觉屐齿之折⑩。

【注释】

① 肥水：即今安徽瓦埠湖流入淮河的一段。② 蹙(cù)：逼迫。③ 蔑(miè)：没有。④ 青冈：在今安徽寿县西。⑤ 鹤唳(lì)：鹤鸣声。⑥ 什：通“十”。⑦ 张天锡：也是东晋旧臣。⑧ 云母车：用云母装饰窗子的车。⑨ 驿书：通过驿站传送的文书，在当时最为快速。⑩ 屐(jī)齿：木屐底上安装的木齿。不觉屐齿之折：是说谢安内心其实十分兴奋，屐齿碰断都没察觉，前面下棋的举动只是矫情。

【翻译】

秦王苻坚颁布诏书大举入侵，百姓中每十个壮丁要派一个当兵。那些良家子年龄在二十岁以下有技能勇力的，全都被用为羽林郎。又说：“要用司马昌明做尚书左仆射、谢安做吏部尚书、桓冲做侍中，不久就要这么办了，可先为他们建造府第。”良家子来到的有三万余骑，苻坚任命秦州主簿赵盛之为少年都统。这时，朝臣们都不主张苻坚出征，只有慕容垂、姚苌以及良家子们在鼓动苻坚。阳平公苻融对苻坚说：“鲜卑、羌虏，是我们的仇敌，常常希望发生突然的变乱，借以实现他们的野心。他们所呈献的计策方略，怎么可以依从呢！良家子都是富裕人家的子弟，不会打仗，不负责任地讲些阿谀奉承的话来迎合陛下的心意。现在陛下听信采纳，轻率采取如此重大的行动，臣担心功业既不能成，还会发生后患，后悔都来不及啊！”苻坚不听。

八月戊午(二日)，苻坚派阳平公苻融督率张蚝、慕容垂等步骑二十五万为先锋，以兖州刺史姚苌为龙骧将军，督益、梁州诸军事。苻坚对姚苌说:“从前朕以龙骧将军之职建立大业,以后未曾轻易把这个职位给谁,卿该好好努力!”左将军窦冲说:“王者不能说不兑现的话,这是不祥的征兆啊!”苻坚沉默没有作声。

慕容楷、慕容绍对慕容垂说:“主上骄傲自大得太过分,叔父要建立中兴之业,就在这一次了!”慕容垂说:“对。不是你们,还有谁和我一起成此大事!”

甲子(初八日),苻坚从长安出发,武装战士有六十多万,骑兵二十七万,旌旗战鼓接连不断,队伍有千里之长。九月,苻坚到达项城,凉州的军队才到达咸阳,蜀、汉的军队正从长江顺流而下,幽、冀的军队到达彭城,东西万里,水陆并进,运粮的船只上万艘。阳平公苻融等的军队三十万,首先到达了颍口。

东晋下诏任命尚书仆射谢石为征虏将军、征讨大都督,任命徐、兖二州刺史谢玄为前锋都督,和辅国将军谢琰、西中郎将桓伊等的军队共八万抵抗秦军。派龙骧将军胡彬率领水军五千增援寿阳。谢琰是谢安的儿子。

这时秦军声势浩大,东晋都城里震惊恐惧。谢玄入京,问谢安怎么办,谢安坦然自若,回答道:“已另有安排。”过一会再不说什么,谢玄不敢多说,就叫张玄再去请示。谢安就安排车子去山墅游玩,亲朋好友都来参加,谢安和谢玄下围棋用别墅作赌注。谢安的棋常劣于谢玄,当天谢玄惶恐不安就成为敌手,最后输给了谢安。谢安接着登临游览,直到夜里才返回。桓冲十分担心京城建康的安全,要派精兵三千来加强守卫,谢安坚决拒绝,说:“朝廷已安排好,兵力并不缺,当留下加强西藩的防务。”桓冲对佐吏们叹息道："谢安石有宰相之才，但不懂得指挥打仗。如今大敌将至，还在游览清谈，派那些缺乏阅历的年轻人去抵御，兵众又少而且弱，天下之事已可想而知，我们恐怕要穿上左衽之服了！"……

冬天十月，秦阳平公苻融等进攻寿阳。癸酉（十八日），攻克，擒获晋平虏将军徐元喜等人。苻融派他的参军河南人郭褒做淮南太守。慕容垂攻取郧城。胡彬听到寿阳陷落，就退守硖石，苻融进攻硖石。秦卫将军梁成等领兵五万驻扎在洛涧，在淮河立栅来阻拦晋军。谢石、谢玄等离开洛涧二十五里驻军，顾忌梁成而不敢前进。胡彬粮尽，派使者潜出报告谢石等说："如今敌人势盛，我方粮尽，恐怕不能再见到大军了！"秦军捕获这个使者，送到阳平公苻融那里。苻融派人飞速报告秦王苻坚说："贼兵少容易擒获，只是担心他们逃掉，应当赶快行动！"苻坚于是就把大部队留在项城，带领轻骑八千兼程赶到寿阳与融会合。派尚书朱序来劝说谢石等人，指出秦、晋强弱悬殊，不如速降。可是朱序私下对谢石等人说："如果秦军百万之众全部到达，确实难以抗敌。现在乘各路秦军还没来集中，要赶快攻击，如果能挫败前锋，那秦军就丧失了锐气，可以乘势取胜。"

谢石知道苻坚就在寿阳，很有顾虑，想不战而磨掉秦军的锐气。谢琰劝说谢石听从朱序的话。十一月，谢玄派遣广陵相刘牢之率领精兵五千进取洛涧，离洛涧不到十里，梁成已凭涧列阵在等待着了。刘牢之直前渡水，攻击梁成，大破秦军，斩杀梁成和秦弋阳太守王咏，又分兵截断秦军撤退的渡口，秦军步骑崩溃，争着想游过淮河，士卒死掉一万五千，又擒获秦扬州刺史王显等人，把秦军的器械粮草全部缴获。于是谢石等军，水陆继进。秦王苻坚和阳平公苻融登上寿阳城窥察，苻坚看到晋军队伍阵列严整，又远望八公山上的草木，误认为都是晋兵，回过头来对苻融说："这正是劲敌，怎么能说弱呢！"开始有恐惧之色。

秦军紧逼肥水摆好阵势，晋兵无法渡水。谢玄派使者去对阳平公苻融说："贵军深入，而逼水摆阵，这乃是持久之计，不是想要速战的样子。如果能移动阵势稍微后退一点，让晋军得以渡水，来一决胜负，不很好吗？"秦军诸将都说："我众彼寡，不如阻拦住他们，使他们不能上前，可以确保万全。"苻坚说："只要使军队稍微后退一点，等他们渡过一半时，我们用铁骑逼上去把他们斩杀，就没有不胜之理。"苻融也以为是这样，于是指挥军队退却。秦兵一退，就无法停下来。谢玄、谢琰、桓伊等带领军队渡水攻击。苻融快马巡阵，想要指挥后退的军队，马绊倒，被晋兵所杀，秦军就此崩溃。谢玄等乘胜追击，直到青冈。秦兵败逃，自相践踏而死的，遍布田野，堵塞了水流。那些逃走的听到风声鹤唳，都以为是晋兵将至，白天黑夜不敢停歇，在草丛中跋涉，在野地里露宿，再加上饥饿寒冷，死掉了十之七八。当初，秦军稍稍退却，朱序就在阵后大叫道："秦兵败了！"兵众便狂奔起来。朱序乘机和张天锡、徐元喜等投归晋军。晋军缴获了秦王苻坚所乘的云母车。收复了寿阳，擒获了秦淮南太守郭褒。……

谢安接到驿书，知道秦兵已大败，这时他正与客人下围棋，便收了文书放在床上，没有丝毫喜色，照旧下棋。客人问他，他慢慢地回答道："小儿们已经破敌。"下完棋，回到内室，走过门槛时，木屐的齿碰断了都不觉得。

迁都洛阳

——促进民族大融合的决策

肥水之战以后，前秦政权崩溃，北方再度大动乱。在动乱中崛起的鲜卑族拓跋氏于公元439年统一北方，建立了北魏政权。北魏政权进行了一系列的改革，促进各民族的融合。公元493年，北魏孝文帝为了摆脱拓跋氏旧贵族的羁绊，决心迁都洛阳，这是改革中的一项重要决策。

本篇选自《资治通鉴》卷一三八齐纪武帝永明十一年(493)，简要地介绍了孝文帝迁都洛阳的过程。其中孝文帝和任城王的对话，引经据典，饶有兴味。孝文帝这位锐意改革的君主形象，十分生动鲜明。

魏主以平城地寒①，六月雨雪②，风沙常起，将迁都洛阳；恐群臣不从，乃议大举伐齐③，欲以胁众。斋于明堂左个④，使太常卿王谌筮之⑤，遇革⑥，帝曰："'汤、武革命⑦，应乎天而顺乎人⑧，'吉孰大焉！"群臣莫敢言。尚书任城王澄曰："陛下奕叶重光⑨，帝有中土[10]；今出师以征未服，而得汤、武革命之象，未为全吉也！”帝厉声曰：“繇云：‘大人虎变’[11]，何言不吉！”澄曰：“陛下龙兴已久[12]，何得今乃虎变！”帝作色曰：“社稷我之社稷，任城欲沮众邪[13]！”澄曰：“社稷虽为陛下之有，臣为社稷之臣，安可知危而不言！”帝久之乃解，曰：“各言其志，夫亦何伤！”

【注释】

① 魏主：指北魏孝文帝。平城：今山西大同。② 雨雪：降雪，雨在这里是动词。③ 齐：当时南北朝对峙，此处齐指南朝萧氏建立的齐，史称南齐。④ 明堂左个：明堂，朝廷举行大典之处。左个指寝宫南堂的东偏。⑤ 太常卿王谌(chén)：太常卿是九卿之一，主持祭祀礼乐。筮(shì)：用蓍(shī)草占卦。⑥ 革：《易经》六十四卦之一。《易经》原系占卦书，古人用来占卦测吉凶。⑦ 汤：商汤。武：周武王。二人为商、周二朝开国之君。这“革”是兴革，“命”是天命，指推翻旧王朝而言，和今天所说的“革命”不一样。⑧ 引文是《易经》中解释“革”卦的话。⑨ 奕叶：累世重光，德化如日月普照天下。⑩ 中土：中原地区。⑪ 繇(yáo)：通“爻”(yáo)，爻是组成易象的基本符号，有阳爻(——)和阴爻(— —)，阳爻称九，阴爻称六，由此组成八卦和六十四卦，每卦有六个爻。这里的“繇”是爻辞，是解说《革》卦中倒数第五个阳爻即“九五”这一爻的。这是象征君位之爻，其意义是：此时君主即大人的革变，应天顺人，就像虎纹那样彪炳。⑫ 龙兴：做皇帝。⑬ 社稷：古代帝王、诸侯所祭的土地神和谷神，用作国家的代称。沮(jǔ)：阻拦、破坏。

既还宫，召澄入见，逆谓之曰："向者革卦，今当更与卿论之。明堂之忿，恐人人竞言，沮我大计，故以声色怖文武耳。想识朕意[①]。"因屏人谓澄曰："今日之举，诚为不易。但国家兴自朔土[②]，徙居平城；此乃用武之地，非可文治。今将移风易俗，其道诚难。朕欲因此迁宅中原，卿以为何如？"澄曰："陛下欲卜宅中土，以经略四海，此周、汉所以兴隆也！"帝曰："北人习常恋故，必将惊扰，奈何？"澄曰："非常之事，故非常人之所及。陛下断自圣心，彼亦何所能为！"帝曰："任城，吾之子房也[③]！"

【注释】

① 逆：迎。忿（fèn）：忿怒。② 朔：北方。③ 子房：汉高祖谋士张良的字，张良曾襄助刘邦迁都长安，故以此为比喻。

六月，丙戌，命作河桥，欲以济师[①]。秘书监卢渊上表[②]，以为："前代承平之主，未尝亲御六军[③]，决胜行阵之间；岂非胜之不足为武，不胜有亏威望乎！昔魏武以弊卒一万破袁绍，谢玄以步兵三千摧苻秦，胜负之变，决于须臾，不在众寡也。"诏报曰："承平之主，所以不亲戎事，或以同轨无敌[④]，或以懦劣偷安[⑤]：今谓之同轨则未然，比之懦劣则可耻。必若王者不当亲戎，则先王制革辂[⑥]，何所施也？魏武之胜，盖由仗顺；苻氏之败，亦由失政；岂寡必能胜众，弱必能制强邪！"丁未，魏主讲武[7]，命尚书李冲典武选[8]。……

七月……戊子，魏中外戒严，发露布及移书，称当南伐。……

【注释】

① 济：渡。② 秘书监：负责掌管机要和文书图籍的长官。③ 六军：《周礼·司马》说：王有六军。后人常有皇帝亲统六军的说法。④ 同轨：车辙宽度相同，引申为天下统一。⑤ 懦劣：平庸，低下。偷安：只顾眼前安逸。⑥ 革辂（lù）：以皮革蒙饰的供君主使用的兵车。⑦ 讲武：讲习武事，检阅军队。⑧ 武选：武科考试。

魏主使录尚书事广陵王羽持节安抚六镇[1]，发其突骑。丁亥，魏主辞永固陵[2]；己丑，发平城，南伐，步骑三十余万。使太尉丕与广陵王羽留守平城，并加使持节[3]。羽曰："太尉宜专节度，臣正可为副。"魏主曰："老者之智，少者之决，汝无辞也！"……

【注释】

① 录尚书事：魏晋南北朝时由重臣领尚书省事务，称录尚书事。六镇：北魏为防御柔然侵扰，在京都平城以北、阴山以南设置的六个军镇。② 永固陵：北魏文明太皇太后冯氏的陵寝。冯氏是魏孝文帝的祖母辈，孝文帝登基之初，政事多由她主持。③ 使持节：使持节者有权判处刺史以下官员生死。

九月，……魏主自发平城至洛阳，霖雨不止①，丙子，诏诸军前发。丁丑，帝戎服，执鞭乘马而出。群臣稽颡于马前②。帝曰："庙算已定③，大军将进，诸公更欲何云？"尚书李冲等曰："今者之举，天下所不愿，唯陛下欲之；臣不知陛下独行，竟何之也！臣等有其意而无其辞，敢以死请。"帝大怒曰："吾方经营天下，期于混壹，而卿等儒生，屡疑大计；斧钺有常④，卿勿复言！"策马将出。于是安定王休等并殷勤泣谏。帝乃谕群臣曰："今者兴发不小，动而无成，何以示后！朕世居幽朔⑤，欲南迁中土；苟不南伐，当迁都于此，王公以为何如？欲迁者左，不欲者右。"南安王桢进曰："'成大功者不谋于众⑥'。今陛下苟辍南迁之谋，迁都洛邑，此臣等之愿，苍生之幸也。"群臣皆呼万岁。时旧人虽不愿内徙⑦，而惮于南伐，无敢言者；遂定迁都之计。

【注释】

① 霖：久雨。② 稽颡（sǎng）：古时一种跪拜礼。屈膝下拜，以额触地。③ 庙算：庙堂的谋算，指朝廷的重大决策。④ 斧钺（yuè）有常：斧钺是用以杀人的，斧钺有常等于说国有常刑。⑤ 幽朔：北边的泛称。⑥ 成大功者不谋于众：引用《商君书·更法》的话。⑦ 旧人：指与拓跋氏同起兵于北方的各部族后裔。

李冲言于上曰："陛下将定鼎洛邑①，宗庙宫室，非可马上游行以待之。愿陛下暂还代都②，俟群臣经营毕功，然后备文物、鸣和鸾而临之。”③帝曰：“朕将巡省州郡④，至邺小停⑤，春首即还，未宜归北。”乃遣任城王澄还平城，谕留司百官以迁都之事⑥，曰：“今日真所谓革也。王其勉之！”

【注释】

① 定鼎：鼎为古代王权的象征，定鼎即定都。② 代都：即平城。③ 文物：指仪仗车驾之类，不是今天所说的文物。和鸾（luán）：马车上的铃铛。鸣和鸾，意即驾车。④ 巡省（xǐng）：巡察。⑤ 邺：今河南安阳北。⑥ 留司百官：留在平城的各机构的官员。

【翻译】

魏帝因为平城地气寒冷，六月还降雪，常刮风飞沙，准备迁都洛阳，担心臣下们不听从，就议论大举进攻南朝的萧齐，想以此胁迫大家。他斋戒于明堂东南室，叫太常卿王湛占卦，遇到革卦，魏帝说：“‘成汤、周武革命，应乎天意而顺乎人情’，再没有比这更吉利的了！”臣下们没有人敢说什么。尚书任城王拓跋澄说：“陛下承累世的德化，君临中原，如今出师征伐尚未臣服的萧齐，而得到的却都是成汤、周武革命的卦象，不能说完全吉利吧！”魏帝厉声说道：“繇辞中说‘大人虎变’，怎么能说不吉利！”拓跋澄说：“陛下即位已久，怎能今天才虎变！”魏帝沉下脸说：“社稷是我的社稷，任城王想要阻拦大家吗？”拓跋澄说：“社稷虽是陛下所有，臣为社稷之臣，怎么可以看到有危险而不说呢！”

魏帝过了好一会才转换口气说:"各人说自己的想法,那又何妨!"

魏帝回宫,把拓跋澄找来,魏帝迎上前去说:"刚才《革卦》的事情,现在该再和您商量。在明堂上我所以发怒,是怕大家竞相进言,阻拦大计,所以用疾言厉声来威吓文武百官。想卿能领会朕意。"就屏退侍从,对拓跋澄说:"今日举动,实在很不容易。但我们国家从北方崛起,迁居平城,这是用武之地,无法施行文治。如今要移风易俗,做起来确实困难。朕想因此迁居中原,卿看怎么样?"拓跋澄说:"陛下要到中原择地居住,来经略四方,这是周、汉两代之所以能够兴隆之故啊!"魏帝说:"北人习惯陈规,留恋故土,必将惊慌纷扰,那怎么办?"拓跋澄道:"不寻常之事,当然不是寻常人之所能考虑到的。陛下心里有了主见,他们又能怎么样!"魏帝说:"任城,是我的张子房啊!"

六月丙戌(七日),魏帝命令在河上架桥,以便大军过河。秘书监卢渊上表,认为:"前代太平之世的君主,从没有亲自统率六军,去决胜负于行阵之间,这难道不是因为胜了并不足以显示本领,而打不赢倒有损于威望吗?从前魏武帝以一万疲弊之卒打败袁绍,谢玄用三千步兵摧破苻秦,胜负转变,决定于须臾之间,而并不在于军队的多寡。"魏帝下诏回答说:"太平之世的君主,其所以不亲赴戎事,或者是因为天下一统已没有敌人,或者是本人懦劣苟且偷安。如今要说天下已经一统则不是事实,自比懦劣则感到可耻。一定要说君主不当亲赴戎事,那么先古的君王制造革辂,又派什么用处呢?魏武帝的胜利,是由于他名正言顺,苻氏的失败,也是由于施政失当,怎么能说寡必能胜众，弱必能胜强呢！"丁未（二十八日），魏主亲自检阅军队，叫尚书李冲选取刚勇之士。……

七月……戊子（当为戊午，十日），北魏中外戒严，布告四方，并通知萧齐，宣称要南伐。……

魏帝派录尚书事广陵王拓跋羽持节安抚六镇，调发六镇中精锐的骑兵。丁亥（八月九日），魏帝到永固陵告辞；己丑（十一日），从平城出发南伐，步骑有三十多万。行前指派太尉拓跋丕和广陵王拓跋羽留守平城，都加给使持节。拓跋羽说："太尉理当加使持节专制一切，臣只适合做个副手。"魏帝说："老年人有智慧，少年人能决断，你不要再推辞了！"……

九月……魏帝从平城出发到达洛阳，久雨不停。丙子（九月二十八日），下诏诸军向前出发。丁丑（二十九日），魏帝全副武装，执鞭乘马而出。臣下们跪拜在马前以额触地。魏帝说："庙堂谋算早定，大军将继续前进，诸公还要说什么？"尚书李冲等说："今天的行动，是天下人都所不愿，只有陛下要这样，臣不知道陛下独自前进，究竟要去什么地方？臣等有这样的想法而无法用言辞表达，敢冒死请求。"魏帝大怒道："我正想经营天下，以实现统一，而卿等儒生，对大计屡表怀疑，国有常刑，卿不要再说了！"驱马将出。这时安定王拓跋休等都情辞恳切地哭着进谏。魏帝这才对臣下们说："这一次兴发不小，什么也没办成，用什么向后世交代！朕世代居住北边，想要南迁中原，如果不南伐，就该迁到这里，王公们认为怎么样？想迁的站到左边，不想迁的站到右边。"南安王拓跋桢进言道："'成大功者不谋于众。'现在陛下如能中止南伐，迁都洛阳，这是臣等的愿望,也是百姓的幸运。"臣下们都高呼万岁。当时那些旧人虽然不愿意内迁,但害怕南伐,再没有敢多说的,这样定下了迁都的大计。

李冲对魏帝说:"陛下将要定鼎洛邑,宗庙宫室,不是在马上游转能等待建成的。希望陛下暂回代都,等群臣经营完工,然后整仪仗,备车驾前来。"魏帝说:"朕将要巡察州郡,到邺城稍作停留,初春便回洛阳,不宜再回北方。"于是叫任城王拓跋澄回到平城,把迁都之事晓谕留守机构的官员,说:"今天才真说得上是'革'啊。王该好好努力。"

隋军灭陈

——三百年分裂状态的终结

北魏分裂成东魏、西魏，后又分别被北齐、北周所取代。北周灭北齐统一北方，北周权臣杨坚夺取政权建立隋朝，史称隋文帝。南方则东晋以后经历宋、齐、梁、陈四朝。隋文帝灭陈，结束了南北朝对峙的局面，中国重新归于统一。

本篇选自《资治通鉴》卷一七六至一七七陈纪长城公祯明二年（588）至隋纪文帝开皇九年（589）①。文中记述了隋军渡江直至攻入建康的过程，形象地勾勒了陈后主的昏庸面目。

祯明二年……十二月，……隋军临江，间谍骤至②，宪等殷勤奏请③，至于再三。文庆曰："元会将逼，南郊之日，太子多从；今若出兵，事便废阙。"④帝曰："今且出兵，若北边无事，因以水军从郊，何为不可！"又曰："如此则声闻邻境，便谓国弱。"后又以货动江总⑤，总内为之游说，帝重违其意⑥，而迫群官之请，乃令付外详议。总又抑宪等，由是议久不决。

帝从容谓侍臣曰："王气在此[7]。齐兵三来[8]，周师再来[9]，无不摧败。彼何为者邪！"都官尚书孔范曰："长江天堑，古以为限隔南北，今日虏军岂能飞渡邪！边将欲作功劳，妄言事急。臣每患官卑，虏若渡江，臣定作太尉公矣[10]！"或妄言北军马死，范曰："此是我马，何为而死！"帝笑以为然，故不为深备，奏伎纵酒，赋诗不辍。……

【注释】

① 长城公：陈后主死后隋朝追赠他为长城县公，这里的长城公就是陈后主。② 骤：屡次。③ 宪：袁宪，陈尚书仆射。④ 文庆：施文庆，是执掌枢密的权臣。元会：元旦，这天天子要朝会群臣。南郊：当时每隔一年正月第一个辛日在南北二郊举行祭祀天地的大典。⑤ 江总：陈尚书令。⑥ 重违：难以反对。⑦ 王气：王者之气，这是古人的迷信说法。⑧ 齐兵三来：梁敬帝绍泰元年(555)，北齐徐嗣徽、任约攻建康，太平元年(556)，北齐军再逼建康，陈文帝天嘉元年(560)，北齐刘伯球、慕容恃德等助梁叛将王琳攻芜湖，都告失败。⑨ 周师再来：陈文帝天嘉元年(560)北周独孤盛、贺若敦率兵入湘川，陈废帝光大元年(567)北周宇文直等助原陈湘州刺史华皎起兵，也都告失败。⑩ 都官尚书：主管刑部，相当于后来的刑部尚书。天堑(qiàn)：堑是壕沟、护城河，天堑就是天设下的防护沟。太尉：当时官职最高的"三公"之一。

开皇九年，春正月，乙丑朔，陈主朝会群臣，大雾四塞，入人鼻，皆辛酸。陈主昏睡，至晡时乃寤①。

是日，贺若弼自广陵引兵济江②。先是弼以老马多买陈船而匿之，买弊船五六十艘，置于渎内。陈人觇之③，以为内国无船④。弼又请缘江防人每交代之际，必集广陵，于是大列旗帜，营幕被野，陈人以为隋兵大至，急发兵为备，既知防人交代，其众复散；后以为常，不复设备。又使兵缘江时猎，人马喧噪。故弼之济江，陈人不觉。韩擒虎将五百人自横江宵济采石⑤，守者皆醉，遂克之。晋王广帅大军屯六合镇桃叶山⑥。……

时建康甲士尚十余万人，陈主素怯懦，不达军事，唯日夜啼泣，台内处分⑦，一以委施文庆。文庆既知诸将疾己，恐其有功，乃奏曰："此辈怏怏⑧，素不伏官⑨，迫此事机，那可专信！"由是诸将凡有启请，率皆不行。

【注释】

① 晡时：黄昏时。寤（wù）：醒。② 贺若弼：隋大将，在晋王杨广（即后来的隋炀帝）统率下领兵平陈。广陵：今江苏扬州。③ 觇（chān）：侦伺。④ 内国：即中国，指隋统治的北方。⑤ 韩擒虎：隋大将，在晋王统率下领兵平陈。横江：在今安徽和县。采石：在今安徽当涂西北长江东岸。⑥ 六合镇：今南京六合。桃叶山：在今六合，原为渡江之处，今距长江已远。⑦ 台：指尚书省，当时施政中心。⑧ 怏（yàng）怏：因不满而郁郁不乐。⑨ 官：当时称皇帝为官。

贺若弼之攻京口也[1]，萧摩诃请将兵逆战[2]，陈主不许。及弼至钟山[3]，摩诃又曰："弼悬军深入，垒堑未坚，出兵掩袭，可以必克。"又不许。陈主召摩诃、任忠于内殿议军事[4]，忠曰："兵法：客贵速战，主贵持重。今国家足兵足食，宜固守台城[5]，缘淮立栅，北军虽来，勿与交战；分兵断江路，无令彼信得通。给臣精兵一万，金翅三百艘[6]，下江径掩六合；彼大军必谓其渡江将士已被俘获，自然挫气。淮南土人与臣旧相知悉[7]，今闻臣往，必皆景从[8]。臣复扬声欲往徐州[9]，断彼归路，则诸军不击自去。待春水既涨，上江周罗睺等众军必沿流赴援[10]。此良策也！"陈主不能从。明日，欻然曰[11]："兵久不决，令人腹烦，可呼萧郎一出击之。"任忠叩头苦请勿战。孔范又奏："请作一决，当为官勒石燕然[12]。"陈主从之，谓摩诃曰："公可为我一决！"摩诃曰："从来行陈，为国为身；今日之事，兼为妻子。"陈主多出金帛赋诸军以充赏。甲申，使鲁广达陈于白土冈[13]，居诸军之南，任忠次之，樊毅、孔范又次之，萧摩诃军最在北，诸军南北亘二十里[14]，首尾进退不相知。

贺若弼将轻骑登山，望见众军，因驰下，与所部七总管杨牙、员明等甲士凡八千，勒阵以待之。陈主通于萧摩诃之妻，故摩诃初无战意；唯鲁广达以其徒力战，与弼相当。隋师退走者数四，弼麾下死者二百七十三人，弼纵烟以自隐，窘而复振。陈兵得人头，皆走献陈主求赏。弼知其骄惰，更引兵趣孔范；范兵暂交即走，陈诸军顾之，骑卒乱溃，不可复止，死者五千人。员明擒萧摩诃，送于弼，弼命牵斩之，摩诃颜色自若，弼乃释而礼之。

【注释】

① 京口：今江苏镇江。② 萧摩诃：陈骠骑将军。③ 钟山：在今江苏南京市郊。④ 任忠：陈镇东大将军、侍中。⑤ 台城：东晋南朝中央政府机关和宫殿的所在地，筑有城墙。⑥ 金翅：战船的名称。⑦ 土人：当地人。⑧ 景从：景，通“影”。景从，如影相从。⑨ 徐州：治所在今江苏徐州。⑩ 上江：指长江中游今湖北地区。周罗睺(hóu)：陈散骑常侍，在上江督水军。⑪ 欻(xū)然：突然。萧郎：指萧摩诃。⑫ 勒石燕然：东汉窦宪破匈奴，登燕然山，刻石纪功而还。燕然山，即今蒙古杭爱山。⑬ 白土冈：在今江苏南京东。⑭ 亘(gèn)：接贯。

任忠驰入台，见陈主言败状，曰：“官好住，臣无所用力矣！”陈主与之金两縢[1]，使募人出战，忠曰：“陛下唯当具舟楫，就上流众军，臣以死奉卫。”陈主信之，敕忠出部分[2]，令宫人装束以待之，怪其久不至，时韩擒虎自新林进军[3]，忠已帅数骑迎降于石子冈[4]。领军蔡征守朱雀航[5]，闻擒虎将至，众惧而溃。忠引擒虎军直入朱雀门，陈人欲战，忠挥之曰：“老夫尚降，诸军何事！”众皆散走。于是城内文武百司皆遁，唯尚书仆射袁宪在殿中，尚书令江总等数人居省中。陈主谓袁宪曰：“我从来接遇卿不胜余人。今日但以追愧。非唯朕无德，亦是江东衣冠道尽[6]。”

陈主遑遽，将避匿，宪正色曰："北兵之入，必无所犯。大事如此，陛下去欲安之！臣愿陛下正衣冠，御正殿，依梁武帝见侯景故事⑦。"陈主不从，下榻驰去，曰："锋刃之下，未可交当，吾自有计！"从宫人十余出后堂景阳殿，将自投于井，宪苦谏不从；后阁舍人夏侯公韵以身蔽井⑧，陈主与争，久之，乃得入。既而军人窥井，呼之不应，欲下石，乃闻叫声；以绳引之，惊其太重，及出，乃与张贵妃、孔贵嫔同束而上⑨。沈后居处如常⑩。太子深年十五，闭阁而坐，舍人孔伯鱼侍侧，军士叩阁而入，深安坐，劳之曰："戎旅在涂，不至劳也！"军士咸致敬焉。

【注释】

① 縢（téng）：捆，包裹。② 部分（fēn）：部署、安排。③ 新林：在今南京江宁西南。④ 石子冈：今南京江宁南。⑤ 朱雀航：即朱雀桥，建康南门外浮桥，跨秦淮河两岸，是当时重要的交通要道。⑥ 衣冠：当时南朝自以为衣冠之邦，而贱视北朝为夷狄。⑦ 梁武帝见侯景：侯景作乱，攻入建康，梁武帝坐于殿上见侯景，侯景未敢公然杀害。⑧ 阁：后阁舍人：是皇帝亲近的官员。⑨ 张贵妃：名丽华，与孔贵嫔都是陈后主最宠爱的妃嫔。⑩ 沈后：陈后主的皇后，无宠，陈后主曾打算废掉她，立张贵妃为皇后。

【翻译】

祯明二年（588）……十二月，……隋军到达长江北岸，陈派出去的间谍多次回来报告，袁宪等人再三上奏，恳请出兵。施文庆说:“元会即将来临,到南郊那天,太子多跟从前往;现在如果出兵,这些事情就都得停止举行。”陈主说:“现在姑且出兵,如果北边无事,就用水军随从南郊,有什么不好!”施文庆又说:“这样消息传进邻国边境,人家就会说我们国家虚弱。”事后施文庆又用财物贿赂江总,江总私下帮他游说,陈主难以反对他们的意见,但又迫于官员们的请求,就交付朝廷审议。江总又抑制袁宪等人,因而一直议而不决。

陈主从容地对侍从的臣下说:“王气在此。齐军曾经来过三次,周军来过两次,没有一次不被打败。他们又能怎么样呢!”都官尚书孔范说:“长江天堑,从古以来就认为是用以分隔南北的,今天虏军难道能飞渡吗?边境上的将领们要弄点功劳,乱说事态紧急。臣常恨官职太小,虏若渡江,臣定可立功当上太尉公了!”有人谣传北军的马死了,孔范说:“这是我的马,怎么死了?”陈主笑了,以为真是这样,从而不严加戒备,依旧不停地让女伎歌舞,纵情饮酒,赋诗作乐。……

隋开皇九年(589)春天正月乙丑初一,陈主临朝会见群臣,到处尽是大雾,透进人的鼻孔里,都有辛酸的感觉。陈主昏睡,到黄昏时才苏醒。

这天,隋将贺若弼从广陵领兵渡过长江。先前贺若弼用老马去买了许多陈国的船只藏匿起来,又买了破旧的船只五六十艘,停放在小河里。陈人窥探到,认为北方无船。贺若弼又请准沿江驻守的部队每当交替之时,都到广陵集中,这时大张旗帜,遍地都是营幕,陈人以为隋军大量涌到,急忙调发军队从事戒备,既而知道只是驻守部队交替,调发的军队又都散回;后来习以为常,不再有所防备。贺若弼还不时地派兵沿江打猎,人马喧噪。所以当贺若弼渡江时,陈人没有发觉。隋将韩擒虎率领五百人从横江趁着夜色过江到采石,守卫的人都喝得大醉,就攻占了那里。晋王杨广则统帅大军驻扎在六合镇的桃叶山。……

当时建康的战士还有十多万人,陈主平素胆小懦弱,不懂军事,只是日夜啼哭,尚书省里的事情,全部交给施文庆去处理。施文庆知道将领们都讨厌自己,生怕他们有功,就上奏道:"这些人郁郁不满,素来不服从陛下,在这样的紧要关头,怎能完全信任!"由此将领们凡有报告请求,多数都得不到允准。

贺若弼进攻京口,萧摩诃请求带兵迎战,陈主不准。等到贺若弼到达钟山,萧摩诃又说:"贺若弼孤军深入,营垒壕沟都还没有筑起挖成,出兵掩袭去,准定可以取胜。"又不准。陈主召集萧摩诃、任忠在内殿议论军事,任忠说:"兵法上讲:客军贵在速战,主军贵在持重。如今国家兵多粮足,应该固守台城,沿着秦淮河立下栅栏,北军即使来了,也不和他们交战;而分兵截断江路,使他们和后方信息不通。再给臣精兵一万,金翅战船三百艘,沿江而下直袭六合,他们的大军一定认为那些渡江的将士已被俘获,自然挫丧锐气。淮南本地人和臣原先就很熟悉,如今听到臣去,必定响应归附。臣再扬言要前往徐州,断绝他们的归路,这样各路隋军便会不攻自退。等春水上涨,上江的周罗睺诸军必然顺流赶来救援。这是好办法啊!"陈主不能听从。第二天,他忽然说:"老是不能决定胜负,叫人心中烦闷,可叫萧郎出兵打一仗。"任忠叩头苦苦请求不要出战。孔范又进言道："请出兵一决胜负，臣当为陛下勒石燕然。"陈主听了他的话，对萧摩诃说："公可为我一决胜负！"萧摩诃说："从来行军作战，是为国为身；今日的事情，是兼为妻子儿女。"陈主拿出了大量的金帛分给诸军以作赏赐。甲申（二十日），派鲁广达在白土冈列阵，居各路军的南端，依次往北是任忠军，樊毅、孔范军，萧摩诃军在最北。各军南北连贯二十里，首尾进退都互不知悉。

贺若弼带领轻骑登山，看了各路陈军，就跑下山来，与所统率的七个总管杨牙、员明等战士共八千人，列阵迎战。陈主和萧摩诃的妻子私通，因而萧摩诃本来就无心替陈主出力；只有鲁广达指挥部下苦战，和贺若弼相持。隋军退却了好几次，贺若弼手下有二百七十三人战死，他自己烧起烟来隐蔽，在窘困中重新整顿部队作战。陈兵斩得人头，都跑回去献给陈主求赏。贺若弼知道敌军已因骄而松懈，就再领兵进攻孔范，孔范军才一接触就退却，各路陈军看到了，骑兵步兵都乱了阵脚溃退下去，无法阻止，有五千人被杀死。员明擒获萧摩诃，送到贺若弼那里，贺若弼下令牵出去斩了，萧摩诃脸色自若，贺若弼就释放了他以礼相待。

任忠驰入台城，见到陈主陈述战败经过，说："陛下可以停止了，老臣已经出不上力了！"陈主给他两捆金子，叫他招人出战，任忠说："陛下只该准备船只，前往上游诸军，臣将舍命保卫。"陈主相信了他，就叫任忠出去部署，叫宫里的人整理行装等待着，等了好久不见任忠回来，才感到奇怪。这时韩擒虎从新林进军，任忠已带着几骑人马在石子冈迎降。领军蔡征防守朱雀航，听到韩擒虎要来了，兵众惊慌溃逃。任忠就带引韩擒虎军一直进入朱雀门,陈兵还想抵抗,任忠挥开他们说:“老夫都投降了,你们还干什么!”兵众都散掉。这时城内文武百官都逃跑了,只有尚书仆射袁宪留在殿里,尚书令江总等几个人留在尚书省里。陈主对袁宪说:“我平素对待你并不比别人好,今天追想起来只能感到惭愧。不但是朕无德,也是江东衣冠荡然无存了。”

陈主恐慌,准备躲藏起来,袁宪严正地说:“北兵进来,必定不会伤犯陛下。大事已是如此,陛下能到哪里去?臣希望陛下端正衣冠,登临正殿,仿照梁武帝见侯景的姿态。”陈主不听他的话,离开坐榻飞跑而去,说:“锋刃之下,不可抵挡,我自有办法!”带着十几个宫人走出后堂景阳殿,想要跳到井里去,袁宪苦谏不听;后阁舍人夏侯公韵用身体挡住井口,陈主和他争,争了好久才跳下井。过一会北兵从井口窥看,叫了没有人应声,准备往井里扔石头,这才听到井里呼叫。用绳索往上拉,怪其过于沉重,拉出来后才知原来是和张贵妃、孔贵嫔捆在一起的。陈主的沈皇后当时居处一如往常。太子陈深年仅十五,关起阁门坐在里面,舍人孔伯鱼在一旁随侍,北兵敲开阁门进入,陈深安然不动,慰问他们道:“一路上行军打仗,不至太劳累吧!”北兵都向他致敬。

瓦岗义军

——农民队伍在战斗中壮大

隋文帝死后，隋炀帝即位，严酷的劳役兵役激起农民大起义，瓦岗军是起义队伍中最有影响的一支。

本篇选自《资治通鉴》卷一八三隋纪炀帝大业十二年(616)到恭帝义宁元年(617)。文中记载了这支农民武装从瓦岗起义到攻破洛口仓的不断壮大的过程。

李密之亡也①，往依郝孝德②，孝德不礼之；又入王薄③，薄亦不之奇也。密困乏，至削树皮而食之，匿于淮阳村舍④，变姓名，聚徒教授。郡、县疑而捕之，密亡去，抵其妹夫雍丘令丘君明⑤。君明不敢舍，转寄密于游侠王秀才家，秀才以女妻之。君明从侄怀义告其事，帝令怀义自赍敕书与梁郡通守杨汪相知收捕⑥。汪遣兵围秀才宅，适值密出外，由是获免，君明、秀才皆死。

韦城翟让为东都法曹⑦，坐事当斩。狱吏黄君汉奇其骁勇，夜中潜谓让曰："翟法司，天时人事，抑亦可知，岂能守死狱中乎！"让惊喜，曰："让，圈牢之豕，死生唯黄曹主所命⑧。"君汉即破械出之。让再拜曰："让蒙再生之恩则幸矣，奈黄曹主何！"因泣下。君汉怒曰："本以公为大丈夫，可救生民之命，故不顾其死以奉脱，奈何反效儿女子涕泣相谢乎！君但努力自免，勿忧吾也！"让遂亡命于瓦岗为群盗⑨。同郡单雄信骁健⑩，善用马槊⑪，聚少年往从之。离狐徐世勣家于卫南⑫，年十七，有勇略，说让曰："东郡于公与勣俱为乡里⑬，人多相识，不宜侵掠。荥阳、梁郡汴水所经⑭，剽行舟⑮，掠商旅，足以自资。"让然之，引众入二郡界，掠公私船，资用丰给，附者益众，聚徒至万余人。

【注释】

① 李密之亡也：指李密参与杨玄感反隋失败逃亡。② 郝孝德：农民军首领。③ 王薄：最早起义的农民军首领。④ 淮阳：今河南淮阳。⑤ 雍丘：今河南杞县。⑥ 梁郡：治所在今河南商丘西南。通守：当时郡的长官，地位次于太守。⑦ 韦城：今河南滑县西南。东都：隋以洛阳为东都。法曹：当时郡县衙门里都分曹办事，翟(zhái)让所任的法曹，是管理刑狱的。⑧ 曹主：对黄氏的尊称。⑨ 瓦岗：今河南滑县南。⑩ 单(shàn)：是姓。⑪ 槊(shuò)：长矛。⑫ 离狐：今山东菏泽西北。徐世勣(jì)：后来归唐赐姓李，又因避李世民名讳去掉世字只称李勣。卫南：今河南浚县东南。⑬ 东郡：治所在今河南滑县附近。⑭ 荥阳：郡名，治所在今河南郑州。⑮ 剽(piāo)：抢劫。

时又有外黄王当仁、济阳王伯当、韦城周文举、雍丘李公逸等皆拥众为盗①。李密自雍丘亡命，往来诸帅间，说以取天下之策。始皆不信。久之，稍以为然，相谓曰："斯人公卿子弟，志气若是。今人人皆云杨氏将灭，李氏将兴。吾闻王者不死②，斯人再三获济，岂非其人乎！"由是渐敬密。

密察诸帅唯翟让最强，乃因王伯当以见让，为让画策，往说诸小盗皆下之。让悦，稍亲近密，与之计事，密因说让曰："刘、项皆起布衣为帝王。今主昏于上，民怨于下，锐兵尽于辽东③，和亲绝于突厥④，方乃巡游扬越⑤，委弃东都，此亦刘、项奋起之会也！以足下雄才大略，士马精锐，席卷二京⑥，诛灭暴虐，隋氏不足亡也！"让谢曰："吾侪群盗，旦夕偷生草间，君之言者，非吾所及也！"……

有贾雄者，晓阴阳占候⑦，为让军师，言无不用。密深结于雄，使之托术数以说让⑧；雄许诺，怀之未发。会让召雄，告以密所言，问其可否，对曰："吉不可言。"又曰："公自立恐未必成，若立斯人，事无不济。"让曰："如卿言，蒲山公当自立⑨，何来从我?"对曰："事有相因。所以来者，将军姓翟，翟者，泽也，蒲非泽不生，故须将军也。"让然之，与密情好日笃。

【注释】

①外黄：今河南杞县东北。济阳：今河南兰考东北。

②王者：这里的王是指王天下，也就是统治天下，王者就

是指统治天下的皇帝。③ 锐兵尽于辽东：指隋炀帝攻打高丽失利。④ 和亲绝于突厥：突厥，当时北方最强大的少数民族，这是指隋炀帝拟以宗族之女嫁突厥始毕可汗部，与之和亲，但未能成功。⑤ 扬越：东南地区的泛称，这里指隋炀帝从运河到江都（今江苏扬州）去的事情。⑥ 二京：指当时的西京长安和东都洛阳。⑦ 阴阳占候：推算阴阳，占卜凶吉，是古代的一种迷信活动。⑧ 术数：占候等种种迷信活动，古人统称之为术数。⑨ 蒲山公：指李密，他曾袭爵为蒲山郡公。

密因说让曰："今四海縻沸，不得耕耘，公士众虽多，食无仓廪[①]，唯资野掠，常苦不给。若旷日持久，加以大敌临之，必涣然离散。未若先取荥阳，休兵馆谷[②]，待士马肥充，然后与人争利。"让从之，于是破金隄关[③]，攻荥阳诸县，多下之。

荥阳太守郇王庆[④]，弘之子也，不能讨，帝徙张须陀为荥阳通守以讨之。庚戌，须陀引兵击让。让向数为须陀所败，闻其来，大惧，将避之。密曰："须陀勇而无谋，兵又骤胜，既骄且狠，可一战擒也。公但列阵以待，密保为公破之。"让不得已，勒兵将战，密分兵千余人伏于大海寺北林间。须陀素轻让，方陈而前，让与战，不利，须陀乘之，逐北十余里，密发伏掩之，须陀兵败。密与让及徐世勣、王伯当合军围之，须陀溃围出，左右不能尽出，须陀跃马复入救之，来往数四，遂战死。所部兵昼夜号哭，数日不止，河南郡、县为之丧气。……

【注释】

① 廪（lǐn）：粮仓。② 馆谷：供食宿。③ 金隄（dī）关：在今河南荥阳北。④ 郇（xún）王庆：隋文帝从祖弟杨弘之子杨庆，封郇王。

李密说翟让曰：“今东都空虚，兵不素练，越王冲幼①，留守诸官政令不一，士民离心。段达、元文都暗而无谋，以仆料之，彼非将军之敌。若将军能用仆计，天下可指麾而定。”乃遣其党裴叔方觇东都虚实，留守官司觉之，始为守御之备，且驰表告江都。密谓让曰：“事势如此，不可不发。兵法曰：‘先则制于己，后则制于人。’今百姓饥馑②，洛口仓多积粟③，去都百里有余，将军若亲帅大众，轻行掩袭，彼远未能救，又先无豫备，取之如拾遗耳。比其闻知，吾已获之，发粟以赈穷乏，远近孰不归附！百万之众，一朝可集。枕威养锐，以逸待劳，纵彼能来，吾有备矣。然后檄召四方，引贤豪而资计策，选骁悍而授兵柄，除亡隋之社稷，布将军之政令，岂不盛哉！”让曰：“此英雄之略，非仆所堪；惟君之命，尽力从事，请君先发，仆为后殿。”④庚寅，密、让将精兵七千人出阳城北⑤，逾方山⑥，自罗口袭兴洛仓⑦，破之；开仓恣民所取，老弱襁负⑧，道路相属。

【注释】

① 越王：隋炀帝的孙子越王杨侗，当时留守东都。

② 饥馑(jǐn):五谷无收叫饥,蔬菜无收叫馑。③ 洛口:在今河南巩义东洛河流入黄河之处,隋在这里设置了大粮仓叫兴洛仓。④ 殿:行军走在最后。⑤ 阳城:今河南登封东南。⑥ 方山:在今河南登封北。⑦ 罗口:在今河南巩义南。⑧ 襁(qiǎng)负:本是指用布把婴儿包着背起来,这里指背粮。

【翻译】

李密逃亡,去投靠郝孝德,郝孝德对他不重视;又投王薄入伙,王薄对他也不赏识。李密困乏,剥了树皮充饥,躲在淮阳的村落里,隐姓埋名,招收学生教书度日。郡、县对他产生怀疑前来逮捕,他又逃亡,投奔他的妹夫雍丘令丘君明。丘君明不敢让他留宿,把他转送到结交江湖好汉的王秀才家,王秀才把女儿嫁给了他。丘君明的堂侄丘怀义告发了这件事,隋帝就命令丘怀义带上诏敕去通知梁郡通守杨汪收捕李密。杨汪派兵围住王秀才家,正好李密外出,才得以幸免,丘君明、王秀才都被处死。

韦城人翟让在东都任法曹出了问题要被处斩。狱吏黄君汉钦佩翟让骁勇,夜里私自对他说:“翟法司,目前的天时人事,大家心里都很清楚,怎么能在监狱里等死!”翟让惊喜,说:“让,是被圈起来的猪,是死是活都得由黄曹主来做主。”黄君汉立即打开刑具放他出去。翟让再拜道:“让蒙受再生之恩自然十分幸运,黄曹主怎么办呢?”说着泪掉下来。黄君汉发怒道:“本以为公是大丈夫,可以解救老百姓的困苦,所以不惜性命来让你逃脱,怎么倒学着小儿女哭着鼻子来谢恩呢!您只须努力脱逃,不必为我操心!”翟让就此逃亡到瓦岗当了绿林好汉。和他同郡的单雄信很骁勇,擅长在马上使槊,招集了一群青少年入伙。离狐人徐世勣住在卫南,年方十七,有勇有谋,对翟让劝说道:“东郡于公是我的乡里,熟识的人多,不便侵掠,荥阳郡和梁郡是汴水之所流经,在那里劫取来往的船只,抢掠商人旅客,财物足以够用。”翟让同意,率领部众进入二郡,掠取公私船只,供给丰足,投靠入伙的越来越多,结集了一万多人马。

当时又有外黄人王当仁、济阳人王伯当、韦城人周文举、雍丘人李公逸等聚众为盗。李密从雍丘出逃后,和这些首领往来,向他们游说取天下的策略。起初大家都不相信,时间一久,认为讲得有点道理,相互议论道:“这个人是公卿家的子弟,有这样的志气。如今人人都说杨氏将灭,李氏将兴。听说王者是不会死的,这个人再而三地死里逃生,说不定真是个王者吧!”于是对李密慢慢地敬重起来。

李密观察到各路首领中唯有翟让最强大,就通过王伯当去见翟让,替翟让出谋划策,去游说各路小盗叫他们都投顺了翟让。翟让很高兴,对李密亲近起来,和他商量谋划,李密就劝说翟让道:“刘邦、项羽都是从布衣起家而成为帝王。如今上头皇帝昏庸,下边百姓怨愤,精兵全都消耗在辽东,和亲又被突厥回绝,而皇帝还去扬越巡游,把东都丢开不管,这也正是刘、项奋起的时机啊!凭足下的雄才大略,又拥有精兵健马,席卷二京,诛灭暴虐,推翻隋朝应是轻而易举的事情!”翟让辞谢道:“我们只是一伙强盗,旦夕偷生于草莽之间,您所说的,不是我所能做得到的啊!”……

有个叫贾雄的，懂得阴阳占候，充当翟让的军师，说的话翟让从没有不听从。李密下功夫结交贾雄，叫他假托术数来说动翟让。贾雄答应了，记在心上还没有机会开口，就在这时翟让召见他，告诉他李密所说的一切，问他这么办是否好，他回答道："实在是妙不可言。"又说："公自立为王怕未必能成功，如果立这一位，就绝没有不成事的。"翟让说："照卿所说，蒲山公当自立为王，为什么来投靠我呢?"回答道："得互相依靠。蒲山公之所以来，是因为将军姓翟，翟者，水泽也。蒲没有水泽便不能生长，因此得依靠将军。"翟让相信了他的话，与李密的交情一天天深起来。

李密就劝翟让说："如今海内动乱，无从耕种，公手下兵众虽多，没有粮仓，只靠外出抢掠，经常苦于不够供应。如果旷日持久，再有大敌来临，必然一哄而散。不如先拿下荥阳，让部队在那里休整饱食，等到士饱马肥，然后再和人家争锋。"翟让听从了，于是破了金隄关，进攻荥阳郡所属各县，多数拿了下来。

荥阳太守郇王杨庆，是杨弘的儿子，没有能力对付翟让，隋帝把张须陀调任荥阳通守来征讨。庚戌(十月二十七日)，张须陀领兵进攻翟让。翟让多次被张须陀打败，听说他来到，十分恐惧，准备避开他。李密说："张须陀有勇无谋，带的兵又打过多次胜仗，既骄又狠，可以一战而擒。公只须摆好阵势等待他，我保证给您把他打败。"翟让不得已，便部署军队准备迎战，李密分兵一千多人埋伏在大海寺北边的树林里。张须陀一向轻视翟让，结成方阵向前推进，翟让和他交战，不得手，张须陀掩杀过去，追赶了十多里，李密伏兵齐起，张须陀被杀败。李密和翟让以及徐世勣、王伯当各路兵马都围上来，张须陀冲出包围，但部属不能全部跟上，张须陀跃马重进包围圈救他们冲出去，这样来回到第四次，终于战死。他所带领的兵卒昼夜号哭，几天不止，河南的郡县都为之丧气。……

李密又劝说翟让道："如今东都空虚，军队平素缺乏训练，越王的年纪小，留守的官员们各自发号施令，人心涣散。那里的段达、元文都愚昧少谋，以我的估计，都不是将军的对手。如果将军能采用我的计划，天下可指日而定。"于是派他的党羽裴叔方去窥测东都的虚实，留守官员发觉了，开始做防御的准备，并且快马递表到江都向隋帝禀告。李密对翟让说："事态已是如此，不能不发动了。兵法上说：'先发则人受制于己，后发则自己受制于人。'如今百姓正闹饥荒，洛口粮仓里囤积了大量粮食，距离东都有百里以上，将军如果亲自率领大队人马，轻装前往掩袭，隋军路远无从救援，加之事先他们又没有防备，要拿下它真就像拾件掉下的东西一样容易。等到东都知道了，我们已经占领粮仓，开仓发粮救济贫穷的百姓，远近还有谁不来归附！百万之众，一朝便可招集。凭借声威蓄养锐气，以逸待劳，隋军即使能来，我们也有充分准备了。然后我们就传布檄文号召四方，招引贤豪出谋划策，挑选骁勇授其兵权，清除亡隋的社稷，颁布将军的政令，岂非天下的美事！"翟让说："这是英雄的方略，非我所能胜任，一切听您安排，我尽力去干，请您先出发，我来殿后。"庚寅（义宁元年三月初九日），李密、翟让带领精兵七千人出阳城之北，越过了方山，从罗口奔袭兴洛仓，攻了下来。发仓任凭百姓取粮，老弱都来背负，一路上络绎不绝。

杀兄戮弟

——玄武门里的军事政变

隋末，在太原起兵的李渊创建了唐朝，统一了全国。但在统一战争中立有大功的第二子秦王李世民急于夺取政权，通过玄武门军事政变，袭杀大哥太子李建成和四弟齐王李元吉。唐高祖李渊退位，李世民登上皇位，开创了“贞观之治”，将中国传统农业社会推向鼎盛时期。

本篇选自《资治通鉴》卷一九〇唐纪高祖武德五年(622)至卷一九一高祖武德九年(626)，基本上是站在李世民的立场上来写的，对李建成、李元吉以至李渊赋予了许多不实之词，阅读时应当注意。

世民平洛阳，上使贵妃等数人诣洛阳选阅隋宫人及收府库珍物①，贵妃等私从世民求宝货及为亲属求官。世民曰：“宝货皆已籍奏，官当授贤才有功者。”皆不许，由是益怨。世民以淮安王神通有功②，给田数十顷。张婕妤之父因婕妤求之于上③，上手敕赐之，神通以教给在先④，不与。婕妤诉于上曰：“敕赐妾父田，秦王夺之以与神通。”上遂发怒，责世民曰：“我手敕不如汝教邪！”他日，谓左仆射裴寂曰：“此儿久典兵在外，为书生所教，非复昔日子也。”尹德妃父阿鼠骄横[5]，秦王府属杜如晦过其门，阿鼠家僮数人曳如晦坠马殴之，折一指，曰：“汝何人？敢过我门而不下马！”阿鼠恐世民诉于上，先使德妃奏云：“秦王左右陵暴妾家。”上复怒，责世民曰：“我妃嫔家犹为汝左右所陵，况小民乎！”世民深自辩析，上终不信。……

【注释】

① 上：指唐高祖李渊。贵妃：唐代皇后以下的第一等妃嫔的称号。② 淮安王神通：李渊叔父李亮的长子李神通，立有战功。③ 婕妤（jié yú）：唐代第三等妃嫔的称号。④ 教：当时秦王所下的命令叫教。⑤ 德妃：唐代第一等妃嫔的称号。

九年……六月，……秦王世民既与太子建成、齐王元吉有隙[1]，以洛阳形胜之地，恐一朝有变，欲出保之。乃以行台工部尚书温大雅镇洛阳[2]，遣秦府车骑将军荥阳张亮将左右王保等千余人之洛阳，阴结纳山东豪杰以俟变[3]，多出金帛，恣其所用。元吉告亮谋不轨[4]，下吏考验[5]，亮终无言，乃释之，使还洛阳。……

建成、元吉与后宫日夜谮诉世民于上，上信之，将罪世民。陈叔达谏曰[6]：“秦王有大功于天下，不可黜也！且性刚烈，若加挫抑，恐不胜忧愤，或有不测之疾。陛下悔之何及！”上乃止。元吉密请杀秦王，上曰：“彼有定天下之功，罪状未著，何以为辞?”元吉曰：“秦王初平东都，顾望不还[7]，散钱帛以树私恩，又违敕命，非反而何！但应速杀，何患无辞！”上不应。

【注释】

① 隙（xì）：隔阂，嫌隙。② 行台：当时临时设置的尚书省的派出机构，李世民任陕东道行台尚书令，温大雅是陕东道行台的工部尚书。③ 山东：华山、崤山以东的广大地区，当时主要指今河南、山东、河北等地区。俟（sì）：等候。④ 不轨：不守法度，造反。⑤ 考验：考查核实，和今天所说的不是一个意思。⑥ 陈叔达：当时的大臣。⑦ 顾望：观望。

秦府僚属皆忧惧不知所出。行台考功郎中房玄龄谓比部郎中长孙无忌曰[1]：“今嫌隙已成，一旦祸机窃发，岂惟府朝涂地[2]，乃实社稷之忧；莫若劝王行周公之事以安国家[3]。存亡之机，间不容发[4]，正在今日！”无忌曰：“吾怀此久矣，不敢发口；今吾子所言，正合吾心，谨当白之。”乃入言世民。世民召玄龄谋之，玄龄曰：“大王功盖天地，当承大业；今日忧危，乃天赞也，愿大王勿疑。”乃与府属杜如晦共劝世民诛建成、元吉。

建成、元吉以秦府多骁将，欲诱之使为己用，密以金银器一车赠左二副护军尉迟敬德[5]，并以书招之，……敬德辞。……建成怒，遂与之绝。敬德以告世民，世民曰：“公心如山岳，虽积金至斗，知公不移。

相遗但受，何所嫌也！且得以知其阴计，岂非良策！不然，祸将及公。”既而元吉使壮士夜刺敬德，敬德知之，洞开重门，安卧不动，刺客屡至其庭，终不敢入。元吉乃谮敬德于上。下诏狱讯治⑥，将杀之，世民固请，得免。又谮左一马军总管程知节，出为康州刺史⑦。知节谓世民曰：“大王股肱羽翼尽矣⑧，身何能久！知节以死不去，原早决计。”又以金帛诱右二护军段志玄，志玄不从。建成谓元吉曰：“秦府智略之士，可惮者独房玄龄、杜如晦耳。”皆谮之于上而逐之。世民腹心唯长孙无忌尚在府中，与其舅雍州治中高士廉、右候车骑将军三水侯君集，及尉迟敬德等⑨，日夜劝世民诛建成、元吉。……

【注释】

① 考功郎中：尚书省下属六部，每部四司，司的长官叫郎中，考功是吏部的一个司，不过这是陕东道行台的。比部：刑部的一个司。② 府朝：指秦王府，当时秦王府、齐王府都有自己的官员兵马，等于一个小朝廷，因此可说府朝。③ 周公之事：指周公旦诛杀兄弟管叔、蔡叔以安周室之事。④ 存亡之机，间不容发：指成与败、存与亡之间，容不得一根头发，比喻情势极其危急，要赶快作出决策。⑤ 左二副护军：当时秦王府、齐王府都有左右六府护军。尉(yù)迟敬德：原为刘武周手下的大将，降唐后成为秦王府干将。⑥ 诏狱：奉皇帝诏命关押犯人的监狱。⑦ 康州：治所在今广东德庆。⑧ 股：大腿；肱(gōng)：手臂从肘到肩的部分；羽翼：翅膀。总起来说就是辅佐人员。⑨ 雍州：治

所就在长安城内，后来改称京兆郡。雍州牧是李世民挂名兼领的，治中是州牧的副职。右候车骑将军：右候卫所属的折冲府的车骑将军。车骑将军是折冲府的副长官。三水：县名，在今陕西彬县。

会突厥郁射设将万骑屯河南，入塞，围乌城①，建成荐元吉代世民督诸军北征，上从之，命元吉督右武卫大将军李艺、天纪将军张瑾等救乌城②。元吉请尉迟敬德、程知节、段志玄及秦府右三统军秦叔宝等与之偕行，简阅秦王帐下精锐之士以益元吉军。……世民命卜之，幕僚张公谨自外来，取龟投地③，曰："卜以决疑；今事在不疑，尚何卜乎！卜而不吉，庸得已乎！"于是定计。

世民令无忌密召房玄龄等，曰："敕旨不听复事王，今若私谒，必坐死，不敢奉教！"世民怒，谓敬德曰："玄龄、如晦岂叛我邪！"取所佩刀授敬德曰："公往观之，若无来心，可断其首以来。"敬德往，与无忌共谕之曰："王已决计，公宜速入共谋之。吾属四人，不可群行道中。"乃令玄龄、如晦著道士服，与无忌俱入，敬德自他道亦至。

【注释】

① 乌城：在今陕西定边。② 右武卫大将军：右武卫的长官。天纪将军：唐初在关内设十二军，天纪军是其中的一个军。③ 龟：占卜要用龟的腹甲。

己未，太白复经天①。傅奕密奏："太白见秦分②，秦王当有天下。"上以其状授世民。于是世民密奏建成、元吉淫乱后宫，且曰："臣于兄弟无丝毫负，今欲杀臣，似为世充、建德报仇③。臣今枉死，永违君亲，魂归地下，实耻见诸贼！"上省之愕然④，报曰：明当鞫问⑤，汝宜早参⑥。

庚申，世民帅长孙无忌等入，伏兵于玄武门⑦。张婕妤窃知世民表意，驰语建成。建成召元吉谋之。元吉曰："宜勒宫府兵，托疾不朝，以观形势。"建成曰："兵备已严⑧，当与弟入参，自问消息。"乃俱入，趣玄武门。上时已召裴寂、萧瑀、陈叔达等⑨，欲按其事。

【注释】

① 太白复经天：太白星就是天文学上的金星，经天是说它白天都可看到，是政权要变革的征兆，这当然都是古人的迷信说法。② 秦分：古人把天上分成若干星域，叫分野，这些分野又和地上的区域相应，秦分是指天上的秦的分野，认为天象与人事相感应。③ 世充、建德：洛阳的割据者王世充、河北的农民军首领窦建德，都是被李世民消灭的。④ 省（xǐng）：察看。⑤ 鞫（jū）：审讯。⑥ 参：朝参，上朝见皇帝。⑦ 玄武门：大内的北门，禁军屯营就在门外。⑧ 严：整饬。⑨ 裴寂、萧瑀（yǔ）：都是当时的大臣。

建成、元吉至临湖殿，觉变，即跋马东归宫府①。世民从而呼之，元吉张弓射世民，再三不彀②，世民射建成，杀之。尉迟敬德将七十骑继至，左右射元吉坠马。世民马逸入林下，为木枝所绖③，坠不能起。元吉遽至，夺弓将扼之，敬德跃马叱之。元吉步欲趣武德殿④，敬德追射杀之。翊卫车骑将军冯翊冯立闻建成死⑤，叹曰："岂有生受其恩而死逃其难乎！"乃与副护军薛万彻、屈咥直府左车骑万年谢叔方帅东宫、齐府精兵二千驰趣玄武门⑥。张公谨多力，独闭关以拒之，不得入。云麾将军敬君弘掌宿卫兵，屯玄武门，挺身出战，所亲止之曰："事未可知，且徐观变，俟兵集，成列而战，未晚也！"君弘不从，与中郎将吕世衡大呼而进，皆死之。君弘，显隽之曾孙也⑦。守门兵与万彻等力战良久，万彻鼓噪欲攻秦府，将士大惧；尉迟敬德持建成、元吉首示之，宫府兵遂溃。万彻与数十骑亡入终南山⑧。冯立既杀敬君弘，谓其徒曰："亦足以少报太子矣！"遂解兵，逃于野。

【注释】

① 跋（bō）马：拨转马头。② 彀（gòu）：拉满弓弩。③ 绖（guà）：绊住。④ 武德殿：在皇帝所住的大内的东半部，高祖曾把武德殿后院分给齐王吉居住。⑤ 翊卫车骑将军：太子东宫也有翊卫，这是翊卫所属的车骑将军。冯（píng）翊：今陕西大荔。⑥ 屈咥（xì）直府左车骑：屈咥直属帐内府，是齐王府卫军，这是屈咥直的左车骑。万年：县名，当时京城的东半部分属万年县，西半部分属长安县。⑦ 显隽（jùn）：北齐大臣敬显隽。⑧ 终南山：在今陕西西安南郊。

上方泛舟海池①，世民使尉迟敬德入宿卫。敬德擐甲持矛②，直至上所。上大惊，问曰："今日乱者谁邪？卿来此何为？"对曰："秦王以太子、齐王作乱，举兵诛之，恐惊动陛下，遣臣宿卫。"上谓裴寂等曰："不图今日乃见此事，当如之何？"萧瑀、陈叔达曰："建成、元吉本不预义谋，又无功于天下，疾秦王功高望重，共为奸谋，今秦王已讨而诛之。秦王功盖宇宙，率土归心，陛下若处以元良③，委之国事，无复事矣！"上曰："善！此吾之夙心也。"时宿卫及秦府兵与二宫左右战犹未已，敬德请降手敕，令诸军并受秦王处分，上从之。天策府司马宇文士及自东上阁门出宣敕④，众然后定。上又使黄门侍郎裴矩至东宫晓谕诸将卒⑤，皆罢散。……

是日，下诏赦天下，凶逆之罪，止于建成、元吉，自余党与，一无所问。国家庶事，皆取秦王处分。……癸亥，立世民为皇太子。……

八月……癸亥，制传位于太子。……甲子，太宗即皇帝位于东宫显德殿。

【注释】

① 海池：大内的池，有东、北、南三海池，这是北或南海池，在大内西北角。② 擐（huàn）：套上，穿上。③ 元良：当时称太子为元良。④ 天策府司马：李世民任天策上将，司马是府里的重要属官。⑤ 黄门侍郎：后改为门下侍郎，是门下省的副长官。

【翻译】

李世民平定洛阳，皇上派贵妃等人到洛阳挑选隋朝的宫人并接收府库里的珍贵物品，贵妃等私下向李世民索取珍宝财物，并为自己的亲属谋求官职。李世民说：“珍宝财物都已经登记上奏，官职应授予有才能立了功的。”全部不答应，因而贵妃等越发怨恨。李世民因淮安王李神通有功，给了几十顷田。张婕妤的父亲通过张婕妤向皇上要，皇上下了手敕把这几十顷田赐给他，李神通因为秦王在这以前已命令把田给了自己，不再让出。张婕妤向皇上诉说道：“敕赐给妾父的田，秦王夺了给李神通。”皇上因而生气，责备李世民说：“我的手敕还不如你的‘教’吗？”后来，皇上对左仆射裴寂说：“这个孩子长期在外面带兵，听了读书人的话，已不是过去的样子了。”尹德妃的父亲阿鼠骄悍蛮横，秦王府的属官杜如晦经过他的家门，阿鼠的几个家僮把杜如晦拉下马殴打，打折了一个指头，说：“你是什么东西，敢经过我家门口不下马！”阿鼠知道了，怕李世民告到皇上那里，就叫尹德妃先奏告说：“秦王的左右欺凌妾家。”皇上又生气了，责怪李世民说：“连我的妃嫔家都被你左右的人欺凌，何况小民！”李世民花了很多气力为自己辩解，但皇上还是不相信。……

武德九年(626)……六月，……秦王李世民已和太子建成、齐王元吉有嫌隙，李世民考虑到洛阳在地理位置上的特殊重要，唯恐一旦政局变化，准备去据守自保。就派行台工部尚书温大雅坐镇洛阳，再派秦府车骑将军荥阳人张亮带领左右王保等一千多人去洛阳，暗中结纳山东豪杰以等候变故，拿出了大量金帛，任凭他们使用。元吉指控张亮要图谋不轨，抓回来审讯，张亮始终没有招供，只好放了，让他回洛阳。……

建成、元吉和后宫嫔妃日夜不停地对皇上讲说李世民的坏话，皇上相信了，准备处理李世民。陈叔达进谏道："秦王有大功于天下，可不能废黜啊！而且他的秉性刚烈，如果对他挫折压抑，恐怕不能胜忧愤，会有不测之疾，陛下将悔之莫及！"皇上这才作罢。元吉秘密奏请杀掉秦王，皇上说："他有平定天下的大功，罪状又不落实，用什么理由来杀他？"元吉说："秦王刚平定东都，就逗留观望不想回长安，散发钱帛以树私恩，又违抗敕命，这不是谋反又是什么！若要赶快杀掉，不怕没有理由！"皇上没有回答。

秦府的人都忧惧不知怎么办。行台考功郎中房玄龄对比部郎中长孙无忌说："如今嫌隙已成，一旦灾祸突然来临，岂止秦府彻底毁灭，实是国家大患；不如劝秦王照周公诛管叔、蔡叔的办法来安定国家。存亡之机，间不容发，正在今日！"长孙无忌说："我早有这样的想法，不敢讲出来，如今您所说的，正合我意，应当认真禀告秦王。"就进秦府对李世民说了。李世民把房玄龄叫来商量，房玄龄说："大王的功盖天地，理当继承大业；如今大家对局势担忧，正是上天在支持大王，愿大王不要迟疑不决。"就和秦府里的杜如晦一起劝说李世民诛讨建成、元吉。

建成、元吉鉴于秦府骁将很多，想引诱过来给自己出力，把一车金银器具偷偷地送给秦府左二副护军尉迟敬德，并写了书信招纳他，……尉迟敬德推辞不接受。……建成生气了，就和他断绝了往来。尉迟敬德把事情告诉了李世民，李世民说："公的心意像山岳那样坚定，即使他们把金子堆到北斗星那样高，我知道公也不会变心。他们送的东西只管收下，怕犯什么嫌疑呢！而且因此可以了解他们的阴谋诡计，岂不很好！否则，祸害将会落到公身上。"不久元吉派壮士在黑夜里行刺尉迟敬德，尉迟敬德知道了，把门一重重都大开着，躺着不动，刺客好几次来到他的院子里，终于不敢再进去。元吉就在皇上那里诬告尉迟敬德，皇上把他下诏狱审讯，要杀掉他，李世民出力说情，才被赦免。又诬告秦府左一马军总管程知节，要他外任康州刺史。程知节对李世民说："大王的股肱羽翼都完了，本身怎能长久！知节死也不去康州，希望大王及早决策。"元吉又用金帛收买秦府右二护军段志玄，段志玄也不干。建成对元吉说："秦府谋士里，可怕的只有房玄龄、杜如晦。"到皇上那里说坏话，把他俩都赶出了秦府。李世民的心腹只剩下长孙无忌还在府里，他和娘舅雍州治中高士廉、右候车骑将军三水人侯君集，还有尉迟敬德等人，日夜劝李世民诛讨建成、元吉。……

正在这时候，突厥头目郁射设率领了上万骑兵驻屯到黄河南岸，进入边塞，围困了乌城。建成就推荐元吉代替李世民督率各路兵马北征。皇上听从了，命令元吉督率右武卫大将军李艺、天纪将军张瑾等去救乌城。元吉要求让尉迟敬德、程知节、段志玄和秦府右三统军秦叔宝等人跟他同去，还挑选秦王帐下的精锐来补充元吉的部队。……李世民用龟卜来判断吉凶，幕僚张公瑾从外面进来，把龟甲往地上一扔，说："卜是用来判断有疑问的事情，现在已没有什么疑问，还卜什么！卜了不吉，难道就能够罢休吗?”于是定下了计划。

李世民叫长孙无忌秘密地把房玄龄召来,房玄龄等说:“敕旨不准我们再事奉大王,今天如果私下进谒,必犯死罪,不敢奉大王之教!”李世民火了,对尉迟敬德说:“玄龄、如晦难道都背叛我吗?”取下佩刀给敬德说:“公去看他们,如果真不想前来,可以把他们的脑袋砍下带回来。”尉迟敬德前往,和长孙无忌一起对他们说:“王已经定下大计,公等该赶快进府一起谋划。我们这四个人,不能成群结队地在街上走。”就叫房玄龄、杜如晦穿上道士的衣服,和长孙无忌一起进入秦府,尉迟敬德从另条道路也赶到。

己未(六月初三日),太白星再次经天,傅奕秘密上奏道:“太白星见于秦的分野,秦王当有天下。”皇上把他的奏章给李世民看。于是李世民上表密奏建成、元吉淫乱后宫,还说:“臣对兄弟丝毫没有亏负,现在想要杀臣,像是在给王世充、窦建德报仇。臣如今含冤死去,永远离别君亲,魂归地下,也实在耻见那些贼人!”皇上看了有点吃惊,回答道:“明天要审问,你该一早来朝参。”

庚申(初四日),李世民率领长孙无忌等入宫,派兵将埋伏在玄武门内。张婕妤探听到李世民上表的内容,派人快马通知建成。建成召元吉来商量,元吉说:“该部署好东宫和齐府的军队,托病不入朝,察看形势再说。”建成说:“军队已做了戒备,我当和弟一起进大内朝参,亲自探问一下消息。”于是一起入朝,进入玄武门。皇上这时已经召集裴寂、萧瑀、陈叔达等大臣,准备审问李世民和建成、元吉的事情。

建成、元吉走到临湖殿,发现事情不对,立即拨转马头，往东想回宫、府。李世民跟上叫他们，元吉拉弓要射世民，拉了几次都拉不满弓，李世民开弓把建成射死。尉迟敬德带上七十骑接着赶到，左右把元吉射落马下。李世民的马跑进树林里，被树枝绊住，跌下马来爬不起身。元吉很快地赶上，夺过李世民手里的弓要弄死他，尉迟敬德跃马上前对元吉大喝一声。元吉想步行逃进武德殿，尉迟敬德追上去把他射死。东宫的翊卫车骑将军冯翊人冯立听到建成被杀，叹口气说："岂有生受其恩而死逃其难的道理！"就和副护军薛万彻、屈咥直府左车骑万年人谢叔方率领东宫、齐府精兵二千骑飞奔玄武门。张公瑾力气大，一个人闭上玄武门顶住，使他们进不来。云麾将军敬君弘统带宿卫禁军，驻屯玄武门，这时挺身而出和东宫、齐府兵对敌，亲近的人劝阻他说："事情还不清楚，姑且缓一下看事情有什么变化，待禁军都来到，摆好阵势再打，也不迟啊！"敬君弘不听，和中郎将吕世衡大声呼喊着冲杀过去都战死了。敬君弘是敬显㑺的曾孙。守卫玄武门的军士和薛万彻等奋力相持了好久，薛万彻擂鼓呐喊要攻打秦府，秦府将士大为恐惧；尉迟敬德把建成、元吉的头给东宫、齐府兵看，东宫、齐府兵就此溃散。薛万彻带了几十骑逃进终南山。冯立杀了敬君弘，对他的部下说："多少可以报答太子了！"就丢下兵器，逃到郊外。

皇上这时正在大内的海池里弄船，李世民派尉迟敬德去保卫。尉迟敬德披甲持矛，一直来到皇上身边。皇上见了大吃一惊，问道："今天作乱的是谁？卿到这里来干什么？"尉迟敬德回答道："秦王因为太子、齐王作乱，已经举兵把他们诛杀，怕惊动陛下，派臣来宿卫。"皇上对裴寂等人说："想不到今天竟见到这样的事情，该怎么办?"萧瑀、陈叔达说："建成、元吉本来就没有参预太原起兵，又无功于天下，妒忌秦王功高望重，勾结起来搞奸谋，秦王已对他们声讨诛杀。秦王功盖宇宙，天下归心，陛下如把他立为太子，把国家大事都交给他，就平安无事了!"皇上说："好吧！这正是我素来的心愿。"当时禁军、秦府兵和东宫、齐府左右还继续打着，尉迟敬德请颁布手敕，命令各军都归秦王指挥，皇上依从了。天策府司马宇文士及从东阁门出宫宣布手敕，兵众这才安定下来。皇上又派黄门侍郎裴矩到东宫去开导将士们，他们都罢兵逃散。……

这天，下诏大赦天下，凶逆有罪的，只是建成、元吉，此外的党羽，都一概不问。国家政务，全都由秦王处理。……癸亥(八日)，立李世民为皇太子。

八月……癸亥(七日)，皇上下诏制传位于皇太子。……甲子(八日)，太宗李世民即皇帝位于东宫的显德殿。

魏徵直谏

——不怕死的田舍翁

李世民做了皇帝后，恢复生产，国家富强，社会经济空前繁荣，史书称之为“贞观之治”。李世民励精图治，任贤纳谏，宽厚爱民，起了一定的作用。魏徵是一位敢于向李世民直陈施政弊端的人物。

本节选自《资治通鉴》卷一九四唐纪太宗贞观六年(632)。从这里可以看出魏徵的风貌以及和李世民君臣之间的关系。

长乐公主将出降①，上以公主，皇后所生②，特爱之，敕有司资送倍于永嘉长公主③。魏徵谏曰：“昔汉明帝④欲封皇子，曰：‘我子岂得与先帝子比！’皆令半楚、淮阳⑤。今资送公主，倍于长主⑥，得无异于明帝之意乎！”上然其言，入告皇后。后叹曰：“妾亟闻陛下称重魏徵，不知其故，今观其引礼义以抑人主之情，乃知真社稷之臣也！妾与陛下结发为夫妇⑦，曲承恩礼，每言必先候颜色，不敢轻犯威严；况以人臣之疏远，乃能抗言如是，陛下不可不从。”因请遣中使赍钱四百缗、绢四百匹以赐徵⑧，且语之曰：“闻公正直，乃今见之，故以相赏。公宜常秉此心，勿转移也。”上尝罢朝，怒曰：“会须杀此田舍翁⑨。”后问为谁，上曰：“魏徵每廷辱我。”后退，具朝服立于庭⑩，上惊问其故。后曰：“妾闻主明臣直，今魏徵直，由陛下之明故也，妾敢不贺！”上乃悦。

【注释】

① 出降（jiàng）：公主下嫁叫出降。② 皇后：长孙皇后，据说有贤德。③ 永嘉长公主：唐高祖李渊的女儿，长乐公主的姑妈。④ 汉明帝：东汉明帝刘庄，是东汉光武帝刘秀的儿子。⑤ 楚、淮阳：指楚王刘英、淮阳王刘延，都是光武帝的儿子。⑥ 长主：长公主，皇帝的姐妹叫长公主。⑦ 结发：这里是结婚的意思。⑧ 中使：宫中派出去办事的宦官叫中使。缗（mín）：本是穿钱的线，古代一千文钱一串，所以一缗就是一千文钱。⑨ 田舍翁：乡下佬。⑩ 朝服：朝典大会时的正式礼服。

【翻译】

长乐公主将要下嫁，皇上因为公主是皇后所亲生，特别喜欢，敕令有关机构准备的嫁妆要比永嘉公主加一倍。魏徵进谏道：“过去东汉明帝要分封皇子，说：‘我的儿子怎么能和先帝的儿子相比！’敕令只给楚王、淮阳王封地的一半。如今给公主准备嫁妆，比长公主要加倍，怕和汉明帝的想法不一样吧！”皇上对他的话表示同意，进去告诉皇后。皇后感叹地说:“妾屡次听到陛下对魏徵称赞看重,不知为什么缘故,如今看到他能援引礼义抑制人主的私情,才知道真是社稷之臣啊!妾与陛下结发为夫妇,多承陛下恩礼,但每次有所建议都得先察看脸色,不敢轻易冒犯威严。何况他作为人臣处于疏远的地位,竟然能这样直言,陛下不可不听从。”于是就请派中使带上钱四百缗、绢四百匹以赏赐魏徵,并且对魏徵说:“听说公为人正直,今天真见到了,所以拿这些东西作为赏赐。公应当经常本着这样的心意,切勿有所转移。”皇上有一次罢朝回宫,生气地说:“总有一天要杀掉这个田舍翁!”皇后问说得是谁,皇上说:“魏徵常常在朝廷上公开侮辱我。”皇后退下,穿戴好朝服立在庭堂上,皇上惊奇地问干什么。皇后说:“妾听说君主贤明臣下才会正直。如今魏徵正直,正是由于陛下贤明的缘故,妾怎敢不贺!”皇上这才高兴起来。

罗织罪名

——封建官场中的卑劣伎俩

唐太宗死后，高宗即位，后来皇后武则天掌权，改唐为周，成为中国历史上唯一的女皇帝。她为了巩固统治，任用酷吏，罗织罪名，迫害异己，这是她统治的黑暗面。

本篇选自《资治通鉴》卷二〇四唐纪则天后永昌元年（689）至卷二〇五则天后长寿元年（692），对酷吏们的丑恶形象作了生动的描绘。

永昌元年。……初，高宗之世，周兴以河阳令召见①，上欲加擢用，或奏以为非清流②，罢之。兴不知，数于朝堂俟命。诸相皆无言，地官尚书、检校纳言魏玄同时同平章事③，谓之曰："周明府可去矣。"④兴以为玄同沮己，衔之。玄同素与裴炎善⑤，时人以其终始不渝，谓之"耐久朋。"⑥周兴奏诬玄同言："太后老矣⑦，不若奉嗣君为耐久。"⑧太后怒，闰月甲午，赐死于家⑨。监刑御史房济谓玄同曰："丈人何不告密⑩，冀得召见⑪，可以自直。"玄同叹曰："人杀鬼杀⑫，亦复何殊，岂能作告密人邪！”乃就死。……

【注释】

① 河阳：在今河南孟州南。② 清流：当时士大夫出身的才算清流。周兴出身卑微，不算清流。③ 地官：武则天改原来的户部为地官。检校：当时把外加职衔叫检校。纳言：则天改门下省长官侍中为纳言。同平章事：当时加同平章事的才是真宰相。④ 明府：唐人称县令为明府。⑤ 裴炎：唐大臣，劝武则天归政于太子而获罪被斩。⑥ 耐久朋：经得起长时间考验的朋友。⑦ 太后：指武则天。⑧ 嗣君：指皇太子李旦，也就是后来的唐睿宗。⑨ 赐死：古代大臣有罪，皇帝勒令他在家里自杀，叫赐死，比押赴刑场斩首在处理上要轻一些。⑩ 丈人：古时对老年人或前辈的尊称。⑪ 冀得召见：武则天奖励告密，告密的人得被召见。⑫ 人杀鬼杀：人杀指被赐死。鬼杀指被他人告密致死、冤鬼害死，这是古人的迷信思想。

天授二年……春一月，……或告文昌右丞周兴与丘神勣通谋①，太后命来俊臣鞫之，俊臣与兴方推事对食，谓兴曰：“囚多不承，当为何法?”兴曰：“此甚易耳！取大瓮②，以炭四周炙之③，令囚入中，何事不承！”俊臣乃索大瓮，火围如兴法，因起谓兴曰：“有内状推兄④，请兄入此瓮！”兴惶恐叩头伏罪。法当死，太后原之。二月，流兴岭南⑤，在道为仇家所杀。……

【注释】

① 文昌右丞：武则天改尚书省为文昌台，辅助尚书左右仆射的尚书左右丞也就改称文昌左右丞。丘神勣：酷吏之一，天授二年（691）因罪被诛。② 瓮（wèng）：陶制的盛器。③ 炙（zhì）：焙烤。④ 内状：宫中发下的文书。⑤ 岭南：岭南道，唐初十道之一，为今广东、广西大部和越南北部地区。

长寿元年……春一月，……左台中丞来俊臣罗告同平章事任知古、狄仁杰、裴行本、司农卿裴宣礼、前文昌左丞卢献、御史中丞魏元忠、潞州刺史李嗣真谋反①。先是，来俊臣奏请降敕，一问即承反者得减死。及知古等下狱，俊臣以此诱之。仁杰对曰："大周革命，万物惟新，唐室旧臣，甘从诛戮。反是实！"俊臣乃少宽之。判官王德寿谓仁杰曰："尚书定减死矣。德寿业受驱策，欲求少阶级，烦尚书引杨执柔，可乎？"②仁杰曰："皇天后土③，遣狄仁杰为如此事！"以头触柱，血流被面；德寿惧而谢之。侯思止鞫魏元忠，元忠辞气不屈；思止怒，命倒曳之④。元忠曰："我薄命，譬如坠驴，足絓于镫⑤，为所曳耳。"思止愈怒，更曳之，元忠曰："侯思止，汝若须魏元忠头则截取，何必使承反也！"狄仁杰既承反，有司待报行刑，不复严备。仁杰裂衾帛书冤状⑥，置绵衣中⑦，谓王德寿曰："天时方热，请授家人去其绵。"德寿许之。仁杰子光远得书，持之告变⑧，得召见。则天览之，以问俊臣，对曰：

“仁杰等下狱，臣未尝褫其巾带⑨，寝处甚安，苟无事实，安肯承反！”太后命通事舍人周綝往视之⑩，俊臣暂假仁杰等巾带，罗立于西，使綝视之；綝不敢视，惟东顾唯诺而已。俊臣又诈为仁杰等谢死表⑪，使綝奏之。乐思晦男未十岁⑫，没入司农⑬，上变，得召见，太后问状，对曰：“臣父已死，臣家已破，但惜陛下法为俊臣等所弄，陛下不信臣言，乞择朝臣之忠清、陛下素所信任者，为反状以付俊臣，无不承反矣。”太后意稍寤，召见仁杰等问曰：“卿承反何也？”对曰：“不承，则已死于拷掠矣。”太后曰：“何为作谢死表？”对曰：“无之。”出表示之，乃知其诈，于是出此七族⑭。庚午，贬知古江夏令、仁杰彭泽令、宣礼夷陵令、元忠涪陵令、献西乡令⑮，流行本、嗣真于岭南。……

【注释】

① 左台中丞：武则天分御史台为左右，中丞是御史台的副长官。司农卿：司农寺的长官，主管粮仓之类。潞州：今山西长治。② 判官：唐代高级官员可自选中级官员奏请充任判官作为助手，不算正式编制。尚书：狄仁杰是地官(户部)侍郎，判尚书，同平章事，所以可称之为尚书。阶级：指官位俸给等级。求少阶级：想把官职稍为提升一下。引：牵引。杨执柔：当时为地官尚书。③ 后土：主管大地的神。④ 曳(yè)：拖。⑤ 镫(dèng)：马鞍两边的脚踏。⑥ 衾(qīn)：被子。⑦ 绵：丝棉，当时不用棉花。⑧ 告变：密告发生了重大政治问题。⑨ 褫(chǐ)：剥去、夺。⑩ 通事舍人：皇帝身边传达意旨的近臣。⑪ 谢死表：认罪甘愿被处死的

表奏。⑫ 乐思晦：原系鸾台（门下）侍郎、检校天官（吏部）尚书，被酷吏所杀。⑬ 没入：犯人家属成为官奴，归属某机构叫没入某机构。⑭ 七族：指任知古、狄仁杰、裴行本、裴宣礼、卢献、魏元忠、李嗣真等七家。⑮ 江夏：今湖北武汉。彭泽：今江西彭泽东北。夷陵：今湖北宜昌。涪（fú）陵：今重庆涪陵。西乡：今陕西西乡。

秋八月。……太后自垂拱以来①，任用酷吏，先诛唐宗室贵戚数百人，次及大臣数百家，其刺史、郎将以下，不可胜数。每除一官，户婢窃相谓曰："鬼朴又来矣。"②不旬月，辄遭掩捕族诛。监察御史朝邑严善思③，公直敢言。时告密者不可胜数，太后亦厌其烦，命善思按问，引虚伏罪者八百五十余人，罗织之党为之不振。乃相与构陷善思，坐流驩州④。太后知其枉，寻复召为浑仪监丞⑤。

【注释】

① 垂拱：武则天年号，前后凡四年（685—688）。② 户婢：宫中守门的婢女。鬼朴：朴是未加工的木材，鬼朴就是做鬼的材料。③ 监察御史：唐代御史台有侍御史、殿中侍御史、监察御史各若干人。朝邑：在今陕西大荔。④ 驩州：今越南荣市。⑤ 浑仪监丞：武则天改司天监为浑仪监，丞是监的主要属官。

【翻译】

永昌元年（689）。……当初，高宗在位时，周兴以河阳令的身份被召见，皇上准备升级任用，有人上奏认为不是清流，作罢。周兴不知道，多次到朝堂上等待任命。宰相们都不开口，地官尚书、检校纳言魏玄同当时同平章事，对他说："周明府可以走了。"周兴以为魏玄同在破坏，怀恨在心。魏玄同一向和裴炎友好，人们看到他俩的交情始终不变，称之为"耐久朋"。周兴就上奏诬告，说魏玄同说过："太后已经老了，不如拥戴嗣君可以耐久。"太后大怒，这年闰月（闰九月）甲午（初五日），就勒令魏玄同在家里自杀。监刑的御史房济对魏玄同说："丈人何不去告密，以期获得召见，可以给自己申诉。"魏玄同叹口气说："被人杀被鬼杀，又有什么两样，怎能充当告密者啊！"于是自杀。

天授二年（691）……春一月，……有人控告文昌右丞周兴和丘神勣通谋，太后命令来俊臣审查，来俊臣正和周兴在审问案件，一起进餐，就对周兴说："囚犯往往不肯招认，该用什么方法？"周兴说："这十分容易！找个大瓮，用炭火在四周焙烤，叫囚犯钻进去，还有什么事情敢不承认！"来俊臣就叫找个大瓮，按照周兴的办法用炭火在四周烧上，接着站起来对周兴说："有内状叫审问兄，就请老兄钻进此瓮！"周兴惶恐叩头认罪。依法应当处死，太后宽宥了他。二月，把周兴流放到岭南，在路上被冤家杀死。……

长寿元年（692）……春一月，……左台中丞来俊臣罗织罪状控告同平章事任知古、狄仁杰、裴行本、司农卿裴宣礼、前文昌左丞卢献、御史中丞魏元忠、潞州刺史李嗣真谋反。在这之前，来俊臣上奏请太后降敕，规定一经审问就承认谋反的，可以减免死罪。这时魏知古等被捕入狱，来俊臣就用这规定来劝诱他们招供。狄仁杰回答说:“大周革命,万物更新,唐室旧臣,甘受诛戮。谋反是事实!”来俊臣就对他稍为放宽一些。判官王德寿对狄仁杰说:“尚书准可减免死罪了。德寿受人驱使,想要把官职稍为提升一下,请尚书把杨执柔牵引进来,好不好?”狄仁杰说道:“上天下地,叫狄仁杰干这等事情!”把头去撞柱子,弄得血流满面。王德寿害怕了,只好认错。侯思止审讯魏元忠,魏元忠口气很硬,侯思止发怒,叫人把他倒着拖。魏元忠说:“我的命不好,譬如从驴子背上跌下来,脚挂在镫上,被驴子拖着走。”侯思止更加生气,再叫拖,魏元忠说:“侯思止,你想要我魏元忠的头就割下来好了,何必叫我承认谋反!”狄仁杰已经承认谋反,官吏们等待着上面的批复后行刑,不再严加防范。狄仁杰把被子的帛撕下来写了冤状,塞进绵衣里,对王德寿说:“天气正热,请交给家里人拆掉里面的丝绵。”王德寿允许。狄仁杰的儿子狄光远取出冤状,拿上去告变,得到太后召见。太后看了,问来俊臣,回答说:“狄仁杰等入狱后,臣连他们的巾带都没有去掉,坐卧都很安适,如果没有事实,怎肯承认谋反!”太后派通事舍人周綝去察看,来俊臣临时把巾带借给狄仁杰等人,叫他们都站在西面,让周綝看。周綝不敢看,只是朝着东面唯唯诺诺。来俊臣又假造狄仁杰等人的谢死表,叫周綝奏上太后。乐思晦的儿子年纪还不到十岁,因父亲被杀没籍入司农寺为奴,这时告变,得被召见,太后问他,他对答说:“臣父已死,臣家已破,但惜陛下的法度被来俊臣等人所毁弄,陛下如果不相信臣的话,请选择朝臣中忠诚清正为陛下一向信任的,写好他的反状交付来俊臣审问,就没有不承认谋反的。”太后有点醒悟，召见狄仁杰等问道：“你们承认谋反是为什么？”回答道：“如果不承认，就早已被拷打死了。”太后说：“为什么作谢死表？”回答道：“没有。”拿出表来一看，才知道是假造的，于是，就把这七家都释放。庚午（四日），贬魏知古为江夏令，狄仁杰为彭泽令，裴宣礼为夷陵令，魏元忠为涪陵令，卢献为西乡令，裴行本、李嗣真流放到岭南。……

秋八月。……太后自垂拱以来，任用酷吏，先诛杀唐宗室、贵戚好几百人，还有大臣好几百家，刺史、郎将以下被杀的无法计数。每任命一个官员，看守宫门的婢女就窃窃私语道：“做鬼的原料又来了！”不上十天半月，果然被突然逮捕灭族。监察御史朝邑人严善思，公平正直敢于讲话。当时告密的人多得数不清，太后也厌烦了，叫严善思审讯，承认虚构事实而伏罪的有八百五十多人，靠罗织别人罪状起家的就此不再那么神气。他们设法诬陷严善思，使他坐罪流放到驩州。太后知道他冤枉，不久再把他召回来做浑仪监丞。

禄山叛乱

——唐朝中衰的标志

武则天的孙子、唐玄宗李隆基在位的开元、天宝年间，是唐代的全盛时期。当时为了对付边境少数民族而设置了九个节度使，其中实力最强大的节度使安禄山在天宝末年叛乱。攻占洛阳、长安，安禄山死后部将史思明又继续作乱。到玄宗的孙子代宗李豫在位时才告平定，史称“安史之乱”。从此以后唐朝统治就走向下坡路。

本篇选自《资治通鉴》卷二一七唐纪玄宗天宝十四载（755）至卷二一八肃宗至德元载（756）①，是有关安禄山发动叛乱、攻占两京，以及玄宗出奔、马嵬兵变这一段历史的记述。

天宝十四载。……安禄山专制三道②，阴蓄异志，殆将十年，以上待之厚③，欲俟上晏驾然后作乱④。会杨国忠与禄山不相悦⑤，屡言禄山且反，上不听；国忠数以事激之，欲其速反以取信于上。禄山由是决意遽反，独与孔目官、太仆丞严庄，掌书记、屯田员外郎高尚，将军阿史那承庆密谋[⑥]，自余将佐皆莫之知，但怪其自八月以来屡飨士卒[⑦]、秣马厉兵而已[⑧]。会有奏事官自京师还，禄山诈为敕书，悉召诸将示之，曰：“有密旨，令禄山将兵入朝讨杨国忠。诸君宜即从军。”众愕然相顾，莫敢异言。十一月甲子，禄山发部兵及同罗、奚、契丹、室韦凡十五万众[⑨]，号二十万，反于范阳。命范阳节度副使贾循守范阳，平卢节度副使吕知诲守平卢，别将高秀岩守大同[⑩]。诸将皆引兵夜发。

【注释】

① 载：就是年，唐自天宝三年(744)起改年为载，到乾元元年(758)才重新改载为年。② 专制三道：指安禄山以范阳节度使(治所在今北京)兼平卢节度使(治所在今辽宁辽阳)、河东节度使(治所在今山西太原)。③ 上：指唐玄宗李隆基。④ 晏驾：皇帝死去叫晏驾。⑤ 杨国忠：唐玄宗最宠爱的杨贵妃的族兄，时已任宰相。⑥ 孔目官：节度使的重要属官。太仆丞：太仆寺的首席属官。掌书记：节度使手下主管文书的官员。屯田员外郎：尚书省工部屯田司的副长官。但这里的太仆丞、屯田员外郎都是虚衔而非实职。⑦ 飨(xiǎng)：用酒食款待。⑧ 秣(mò)：喂养。⑨ 同罗：突厥之一部，在今蒙古境内。奚、契丹、室韦：俱东北少数民族。奚在今河北省承德一带。契丹在今内蒙古通辽、吉林通榆一带。室韦在契丹以北，包括今内蒙古、黑龙江到俄罗斯境内。⑩ 大同：今山西大同。

诘朝，禄山出蓟城南[①]，大阅誓众，以讨杨国忠为名，榜军中曰：“有异议扇动军人者[②]，斩及三族！”[③]于是引兵而南。禄山乘铁舆，步骑精锐，烟尘千里，鼓噪震地。时海内久承平，百姓累世不识兵革，猝闻范阳兵起，远近震骇。河北皆禄山统内[④]，所过州、县，望风瓦解，守令或开门出迎，或弃城窜匿，或为所擒戮，无敢拒之者。禄山先遣将军何千年、高邈将奚骑二十，声言献射生手[⑤]，乘驿诣太原。乙丑，北京副留守杨光翙出迎[⑥]，因劫之以去。太原具言其状。东受降城亦奏禄山反[⑦]。上犹以为恶禄山者诈为之，未之信也。

【注释】

① 蓟(jì)城：蓟州城，在今天津蓟县。② 榜(bǎng)：发布布告。扇：通“煽”。③ 三族：指父族、母族、妻族。④ 河北：指河北道，唐分全国十五道中之一，包括太行山以东、旧黄河以北广大地区，范阳、平卢两节度使管区都在河北道境内。⑤ 射生手：善射的武士。⑥ 北京：唐代以太原为北京。⑦ 东受降城：在今内蒙古和林格尔西。

庚午，上闻禄山定反，乃召宰相谋之。杨国忠扬扬有德色，曰：“今反者独禄山耳，将士皆不欲也。不过旬日，必传首诣行在。”[①]上以为然，大臣相顾失色。上遣特进毕思琛诣东京[②]，金吾将军程千里诣河东[③]，各简募数万人，随便团结以拒之[④]。辛未，安西节度使封常清入朝[⑤]，上问以讨贼方略，常清大言曰：“今太平积久，故人望风惮贼。然事有逆顺，势有奇变，臣请走马诣东京，开府库[6]，募骁勇，挑马棰渡河[7]，计日取逆胡之首献阙下！”[8]上悦。壬申，以常清为范阳、平卢节度使。常清即日乘驿诣东京募兵，旬日得六万人；乃断河阳桥[9]，为守御之备。……

【注释】

① 行在：皇帝所在之处。② 特进：正二品的高级文散官，凡散官都无实职，仅是虚衔。③ 金吾将军：主管京城治安的金吾卫的长官叫金吾卫大将军，以下有将军。④ 随便：根据情况方便办。团结：结集。⑤ 安西节度使：治所在今新疆库车。⑥ 开府库：指取用府库里的财物。⑦ 马棰(chuí)：马鞭。⑧ 计日：计算时日，指时间不长。⑨ 河阳桥：河阳，今河南孟州，这里架在黄河上的桥叫河阳桥。

十二月……禄山声势益张，以其将田承嗣、安志忠、张孝忠为前锋。封常清所募兵皆白徒[1]，未更训练，屯武牢以拒贼[2]；贼以铁骑蹂之，官军大败。常清收余众，战于葵园[3]，又败；战上东门内[4]，又败。丁酉，禄山陷东京，贼鼓噪自四门入，纵兵杀掠。常清战于都亭驿[5]，又败；退守宣仁门[6]，又败；乃自苑西坏城西走[7]。……

封常清帅余众至陕[8]，陕郡太守窦廷芝已奔河东，吏民皆散。常清谓高仙芝曰[9]：“常清连日血战，贼锋不可当。且潼关无兵，若贼豕突入关[10]，则长安危矣。

陕不可守，不如引兵先据潼关以拒之。”仙芝乃帅兵西趣潼关。贼寻至，官军狼狈走，无复部伍，士马相腾践，死者甚众。至潼关，修完守备，贼至，不得入而去。禄山使其将崔乾祐屯陕。……是时，朝廷征兵诸道，皆未至，关中恟惧⑪。会禄山方谋称帝，留东京不进，故朝廷得为之备，兵亦稍集。……

【注释】

① 白徒：指没有作战经验的百姓。② 武牢：今河南荥阳西。③ 葵园：今河南洛阳东。④ 上东门：洛阳的东城门。⑤ 都亭驿：洛阳城里的驿。⑥ 宣仁门：洛阳宫城东边东城的东门。⑦ 苑：洛阳的苑在城西，有墙。⑧ 陕：陕郡，即陕州，治所在今河南三门峡。⑨ 高仙芝：原任安西节度使，后调任右金吾大将军，这时为副元帅率兵进驻陕郡抵御叛军。⑩ 豕突：像野猪那样乱窜乱闯。⑪ 恟（xiōng）：同“汹”，喧扰。

河西、陇右节度使哥舒翰病废在家①，上借其威名，且素与禄山不协，召见，拜兵马副元帅，将兵八万以讨禄山；仍敕天下四面进兵，会攻洛阳。翰以病固辞，上不许，以田良丘为御史中丞充行军司马②，起居郎萧昕为判官③，蕃将火拔归仁等各将部落以从，并仙芝旧卒，号二十万，军于潼关。翰病，不能治事，悉以军政委田良丘；良丘复不敢专决，使王思礼主骑，李承光主步，二人争长，无所统一。翰用法严而不恤，士卒皆懈弛无斗志。……

至德元载……六月，……有告崔乾祐在陕，兵不满四千，皆羸弱无备，上遣使趣哥舒翰进兵复陕、洛。翰奏曰："禄山久习用兵，今始为逆，岂肯无备！是必羸师以诱我，若往，正堕其计中。且贼远来，利在速战；官军据险以扼之，利在坚守。况贼残虐失众，兵势日蹙，将有内变；因而乘之，可不战擒也。要在成功，何必务速！今诸道征兵尚多未集，请且待之。"郭子仪、李光弼亦上言："请引兵北取范阳，覆其巢穴，质贼党妻子以招之[④]，贼必内溃。潼关大军，唯应固守以弊之，不可轻出。"国忠疑翰谋己，言于上，以贼方无备，而翰逗留，将失机会。上以为然，续遣中使趣之，项背相望[⑤]。翰不得已，抚膺恸哭[⑥]；丙戌，引兵出关。

【注释】

① 河西、陇右节度使：河西节度使治所在今甘肃武威，陇右节度使治所在今青海乐都。② 行军司马：军中大将的主要辅佐。③ 起居郎：记录皇帝诏令的官员。④ 郭子仪、李光弼：都是平定安史之乱的名将。郭子仪时任朔方节度使，李光弼时任河东节度使、河北节度使，正出兵进攻安禄山的后方。质：抵押。⑤ 项背相望：后去者可以见到先去者的背影，去的人接连不断的意思。⑥ 膺（yīng）：胸。恸（tòng）：痛哭。

己丑，遇崔乾祐之军于灵宝西原[①]。乾祐据险以待之，南薄山，北阻河，隘道七十里。庚寅，官军与乾祐会战。乾祐伏兵于险，翰与田良丘浮舟中流以观军势，见乾祐兵少，趣诸军使进。王思礼等将精兵五万居前，庞忠等将余兵十万继之，翰以兵三万登河北阜望之，鸣鼓以助其势。乾祐所出兵不过万人，什什伍伍，散如列星，或疏或密，或前或却，官军望而笑之。乾祐严精兵陈于其后。兵既交，贼偃旗如欲遁者②，官军懈，不为备。须臾伏兵发，贼乘高下木石，去杀士卒甚众。道隘，士卒如束，枪槊不得用。翰以毡车驾马为前驱③，欲以冲贼。日过中，东风暴急，乾祐以草车数十乘塞毡车之前，纵火焚之。烟焰所被，官军不能开目，妄自相杀，谓贼在烟中，聚弓弩而射之。日暮，矢尽，乃知无贼。乾祐遣同罗精骑自南山过，出官军之后击之，官军首尾骇乱，不知所备，于是大败。或弃甲窜匿山谷，或相挤排入河溺死，嚣声振天地，贼乘胜蹙之。后军见前军败，皆自溃，河北军望之亦溃，翰独与麾下数百骑走，自首阳山西渡河入关④。关外先为三堑，皆广二丈，深丈，人马坠其中，须臾而满，余众践之以度，士卒得入关者才八千余人。辛卯，乾祐进攻潼关，克之。……

【注释】

① 灵宝：今河南灵宝。② 偃（yǎn）：倒下，放倒。③ 毡（zhān）：毛毡。④ 首阳山：当是首山，在今山西永济南。

是日，翰麾下来告急，上不时召见，但遣李福德等将监牧兵赴潼关①。及暮，平安火不至②，上始惧。壬辰，召宰相谋之。杨国忠自以身领剑南③，闻安禄山反，即令副使崔圆阴具储偫④，以备有急投之，至是首唱幸蜀之策⑤。上然之。癸巳，国忠集百官于朝堂，惶遽流涕⑥；问以策略，皆唯唯不对。国忠曰："人告禄山反状已十年，上不之信。今日之事，非宰相之过。"仗下⑦，士民惊扰奔走，不知所之，市里萧条⑧。国忠使韩、虢入宫⑨，劝上入蜀。

【注释】

① 监牧兵：国家养马场的兵。② 平安火：唐代在各防守点大约相距三十里之间每天初夜要放一炬烟火，叫平安火。时守兵溃散，已无人举火。③ 剑南：剑南节度使，治所在今四川成都。④ 偫(zhì)：储备。⑤ 幸：皇帝驾临。⑥ 惶遽(jù)：惊慌，惶恐。⑦ 仗下：唐代皇帝上朝，左右三卫立仗侍朝。仗下，指罢朝时立仗者皆退下，也就是罢朝的意思。⑧ 市：唐长安城内有东市、西市。里：唐长安、洛阳等都在城里划分若干坊，也叫里，是住宅区。⑨ 韩、虢(guó)：指韩国夫人和虢国夫人，都是杨贵妃的姐姐，都为玄宗所宠爱，很有权势。

甲午，百官朝者什无一二。上御勤政楼①，下制云欲亲征，闻者皆莫之信。……

是日，上移仗北内②。既夕，命龙武大将军陈玄礼整比六军③，厚赐钱帛，选闲厩马九百余匹④，外人皆莫之知。乙未黎明，上独与贵妃姐妹、皇子、妃、主、皇孙、杨国忠、韦见素、魏方进、陈玄礼及亲近宦官、宫人出延秋门[5]，妃、主、皇孙之在外者，皆委之而去。……

【注释】

① 勤政楼：在唐兴庆宫内，兴庆宫在长安城南部。叫南内。② 北内：即大明宫，很早就代替大内（后叫太极宫）成为皇帝居住之所，因为在长安城东北，所以叫北内，而大内叫西内。③ 龙武大将军：当时禁军有左右龙武军和左右羽林军，尤以龙武军为重要，龙武军大将军是其长官。六军：如上所说当时禁军仅四军，但向来习惯说天子六军，这六军是习惯用语。④ 闲厩：当时皇帝养马之处叫闲厩。⑤ 韦见素：当时任宰相。魏方进：御史大夫（御史台长官）兼置顿使，置顿使是负责玄宗幸蜀时路上供应事务的临时差使。延秋门：禁苑的西门。

丙申，至马嵬驿[1]，将士饥疲，皆愤怒。陈玄礼以祸由杨国忠，欲诛之，因东宫宦者李辅国以告太子[2]，太子未决。会吐蕃使者二十余人遮国忠马[3]，诉以无食，国忠未及对，军士呼曰：“国忠与胡虏谋反！”或射之，中鞍。国忠走至西门内，军士追杀之，屠割支体，以枪揭其首于驿门外，并杀其子户部侍郎暄及韩国、秦国夫人[4]。御史大夫魏方进曰：“汝曹何敢害宰相！”众又杀之。韦见素闻乱而出，为乱兵所㧑[5]，脑血流地。众曰："勿伤韦相公。"救之得免。军士围驿，上闻喧哗，问外何事，左右以国忠反对。上杖屦出驿门⑥，慰劳军士，令收队，军士不应。上使高力士问之⑦，玄礼对曰："国忠谋反，贵妃不宜供奉，愿陛下割恩正法。"上曰："朕当自处之。"入门，倚杖倾首而立。久之，京兆司录韦谔前言曰："今众怒难犯，安危在晷刻，愿陛下速决！"⑧因叩头流血。上曰："贵妃常居深宫，安知国忠反谋?"高力士曰："贵妃诚无罪，然将士已杀国忠，而贵妃在陛下左右，岂敢自安！愿陛下审思之，将士安则陛下安矣。"上乃命力士引贵妃于佛堂，缢杀之⑨。舆尸置驿庭，召玄礼等入视之。玄礼等乃免胄释甲⑩，顿首请罪，上慰劳之，令晓谕军士。玄礼等皆呼万岁，再拜而出。于是始整部伍为行计。……国忠妻裴柔与其幼子晞及虢国夫人、夫人子裴徽皆走，至陈仓⑪，县令薛景仙帅吏士追捕，诛之。

【注释】

① 马嵬(wéi)驿：在今陕西兴平西。② 太子：李亨，即不久投奔朔方军即位为皇帝的唐肃宗。③ 吐蕃：在今青海、西藏的少数民族，在唐代前期很强大。④ 户部侍郎：尚书省户部的副长官。秦国夫人：也是杨贵妃的姐姐，与韩国夫人、虢国夫人齐名。⑤ 檛(zhuā)：打。⑥ 屦(jù)：单底鞋，也指穿鞋。⑦ 高力士：唐玄宗最亲信有权势的大宦官。⑧ 京兆司录：京兆府的司录参军，是府里的办事人员。韦谔(è)：韦见素的儿子。晷(guǐ)：日影，古代测日影来计时的东西叫晷。晷刻就是短时间。⑨ 缢：勒死，吊死。⑩ 胄

（zhòu）：头盔。⑪ 陈仓：今陕西宝鸡东。

【翻译】

天宝十四载(755)。……安禄山统帅三道，暗中蓄谋造反，已将近十年，由于皇上待他好，想等皇上去世然后作乱。碰上杨国忠与安禄山不和，屡次说安禄山将要造反，皇上不信，杨国忠便多次找事情来激怒安禄山，想要他赶快造反来使自己取信于皇上。安禄山于是决心马上造反，独自和孔目官、太仆丞严庄，掌书记、屯田员外郎高尚，将军阿史那承庆秘密谋划，此外其他将佐都不知道，只是对他从八月以来多次用酒食款待士卒、秣马厉兵感到奇怪。恰巧有个奏事的官员从京师回来，安禄山就假造了敕书，把将领们都召集来给他们看，说："有密旨，命令禄山率兵入朝诛讨杨国忠。诸君当立即出发。"大家惊讶地相互看看，没人敢说不赞同的话。十一月甲子(初九日)，安禄山发动所部兵马和同罗、奚、契丹、室韦等部一共十五万，号称二十万，在范阳反叛。命令范阳节度副使贾循守范阳，平卢节度副使吕知晦守平卢，另一员将领高秀岩守大同。其余将领全都领兵连夜出发。

第二天早上，安禄山出蓟城南门，大规模阅兵誓师，以诛讨杨国忠为名，在军中布告道："如有异议煽动军人者，连三族一起处斩！"于是引兵向南开拔。安禄山乘着铁车，步兵骑兵都显得很精锐，所过处扬起的烟尘绵延千里，战鼓声呐喊声震撼大地。当时海内太平日久，百姓好几代没见过打仗，忽然听说范阳起兵，远近都震惊恐惧。河北都在安禄山统辖范围之内，叛军所过州、县，都望风瓦解，郡守、县令有的开城出迎,有的弃城逃藏,有的被擒获杀死,没有敢抗拒的。安禄山先派将军何千年、高邈率领奚族骑兵二十人,声称向皇上进献善射的勇士,乘驿马来到太原。乙丑(初十日),北京副留守杨光翙出迎,何千年等乘机就把他劫走。太原向朝廷详细地报告了这一情况。东受降城也奏报安禄山造反。皇上还以为是厌恶安禄山的人假报,并不相信。

庚午(十五日)皇上得知安禄山真反了,就召集宰相商议。杨国忠得意洋洋,说:"如今造反的只是安禄山一人,将士都不愿意。不上十天,安禄山的脑袋必定传送到陛下所在之处。"皇上也以为是这样,大臣们相互看着,面无人色。皇上派特进毕恩琛前往东京,金吾将军程千里前往河东,各自招募选拔几万人,就便集结起来抵御叛军。辛未(十六日),安西节度使封常清入朝,皇上询问他讨贼的方略,封常清大言道:"现在太平日久,所以人们听到点风声便害怕贼军来临。但是事情有个顺逆,用兵也有奇变,臣请快马赶到东京,打开府库,招募骁勇,挥鞭渡过黄河,斩取逆胡首级献到阙下将指日可待!"皇上很高兴。壬申(十七日),任命封常清为范阳、平卢节度使。封常清当天乘了驿马赶到东京募兵,十天招得六万人。截断了河阳桥,作防御准备。……

十二月……安禄山声势越发浩大,派他的将领田承嗣、安志忠、张孝忠为前锋。封常清招募的兵都是缺乏作战经验的百姓,又没有受过训练,驻屯在武牢以抵御贼军。贼军用铁骑冲锋践踏,官军大败。封常清收集残余,在葵园拒战,又战败;再在上东门内拒战,又战败。丁酉(十二日），安禄山攻陷东京，贼军鼓噪着从四城门冲进来，放纵士兵杀人抢劫。封常清在都亭驿拒战，又战败；退守宣仁门，又战败。就从禁苑西面打开城墙向西撤退。……

封常清率领余众退到陕郡，陕郡太守窦廷芝已经出奔河东，官吏、百姓统统逃散。封常清对高仙芝说："常清连日血战，贼军兵锋无法抵挡，而且潼关没有军队，如果贼军冲进关来，长安就危险了。陕郡没有条件守御，不如引兵先据守潼关来抵御贼军。"高仙芝就领兵西赴潼关。贼军很快来到，官军狼狈撤走，建制都乱了，士兵战马互相腾越践踏，死掉了不少。到达潼关，修缮城防，贼军来到，无法进关，只好离去。安禄山派他的将领崔乾祐在陕郡驻扎下来。……这时朝廷向各道征调兵马，都还没有到，关中慌乱喧扰。幸好安禄山正打算做皇帝，停留在东京不再前进，因而朝廷有时间做准备，救兵也稍稍齐集。……

河西、陇右节度使哥舒翰有病离职在家，皇上想借他的威名，而且考虑他一向与安禄山不和，就召见他，任命他为兵马副元帅，统兵八万讨伐安禄山。并且敕令各地四面进军，会攻洛阳。哥舒翰以有病为理由坚决推辞，皇上不许，派田良丘为御史中丞做他的行军司马，起居郎萧昕做他的判官，蕃族将领火拔归仁等各自率领部落从军，加上高仙芝原有的士卒，号称二十万，到潼关驻扎。哥舒翰有病，不能处理军务，把所有军政都交田良丘处理。田良丘又不敢专断，就派王思礼主管骑兵，李承光主管步兵，二人竞争互不服气，军令无法统一。哥舒翰执法严而不体恤，士兵们都松懈缺乏斗志。……

至德元年……六月，……有人报告说崔乾祐在陕州，兵不满四千，都是老弱，而且没有防备，皇上派使者催促哥舒翰进兵收复陕州、洛阳。哥舒翰上奏道："安禄山一向惯于用兵，如今才开始叛乱，怎会不做防备！这一定是把军队故意装得疲弱来引诱我们，如果前往，正好中他的诡计。而且贼军远道而来，利于速战。官军占据险要来扼制他们，利于坚守。何况贼军残虐，失去民心，兵势日见不振，内部将发生变乱，到那时乘机收拾，可以不战而擒。只要成功就好，何必务求快速！现在各道征集的兵马还多数没有齐集，请暂且等待一下。"郭子仪、李光弼也上奏说："请让我们领兵北取范阳，倾覆贼党的巢穴，扣留贼党的妻儿作为人质以招降他们，贼党必然内部瓦解。潼关大军，只应固守使贼军疲惫，不可轻易出战。"杨国忠怀疑哥舒翰要收拾他，对皇上进言，认为贼军正无防备，而哥舒翰逗留不进，将失掉机会。皇上认为讲得对，不断地派中使去催促，在路上的中使多得一个接一个。哥舒翰不得已，捶胸痛哭。丙戌（四日），领兵出潼关。

己丑（七日），和崔乾祐军相遇在灵宝，崔乾祐占据险要以等待官军，南靠山，北有黄河阻隔，中是七十里的狭路。庚寅（初八日），官军和崔乾祐军会战。崔乾祐把精兵埋伏在险要的地方，哥舒翰和田良丘乘船到黄河中流观察兵势，看到崔乾祐兵少，就催促各军向前。王思礼等率领精兵五万当先，庞忠等率领余兵十万跟上，哥舒翰带兵三万登上黄河北岸高地观战，擂鼓以振军威。崔乾祐所带出的兵不超过一万，十个五个一群，分散得就像天上的星星那样，或疏或密，或前或后，官军望见都发笑。而崔乾祐部署的精兵在后面列阵。双方一接触，贼军就放倒旗帜，好像要逃跑的样子，官军松懈起来，不再防备。一会儿伏兵齐起，居高临下抛掷树木石块，打死了很多官军。路狭，官军像被捆绑着似的，枪槊等长武器都无法施展。哥舒翰把覆盖着毛毡的车子驾上马作为前驱，想用来冲击贼军。这时已过了中午，东风突然刮得急，崔乾祐用几十辆草车挡在官军毡车之前，放起火来烧。一片浓烟烈焰，弄得官军睁不开眼睛，互相乱杀，又说贼军就在浓烟里，集中了弓弩射向浓烟。到天晚，箭用完了，才知道烟里并没有贼兵。崔乾祐派同罗精骑越过南山，到官军的背后发动进攻，官军首尾骇乱，不知如何应战，于是大败。有的抛弃甲胄逃藏进山谷，有的互相推挤跌进河里淹死，喧闹得声震天地，贼军乘胜进逼。官军后军看到前军战败，都自行溃逃，在河北面的官军看到了也溃逃。哥舒翰只带着手下几百骑逃跑，从首阳山西渡黄河进入潼关。潼关外面原先挖有三条壕堑，都宽二丈，深一丈，败退的人马跌落到堑里，不一会就填满，余众就踩着越过，士卒能够进入潼关的才八千多。辛卯(初九日)，崔乾祐进攻潼关，攻了下来。……

当天，哥舒翰的部下前来告急，皇上没有及时召见，只派李福德等人率领监牧兵开往潼关。到天黑时，没有见到平安火，皇上这才害怕起来。壬辰(初十日)，召集宰相商量。杨国忠由于自己兼领剑南节度使之职，听到安禄山叛乱，就叫在成都任上的副使崔圆暗中积储物资，以备有危难时去投奔。这时他首先提出皇上幸蜀的方案。皇上同意了。癸巳(十一日)，杨国忠在朝堂召集百官，都惊慌流泪；问他们有何办法，都唯唯诺诺回答不上。杨国忠说："人们报告安禄山的反状已有十年之久，皇上不相信。今天出现这样的事情，不是我宰相的过错。”罢朝仗下，士民惊扰奔走，不知去哪里，坊市萧条。杨国忠指使韩国夫人和虢国夫人入宫，劝说皇上入蜀。

甲午（十二日），百官上朝者不到十之一二。皇上登上勤政楼，下诏制说要亲自出征，听到的人都不相信。……当天，皇上移驾到北内。到晚上，命令龙武大将军陈玄礼整顿六军，厚赐钱帛，挑选闲厩马九百多匹，外边的人都不知道。乙未（十三日）黎明，皇上只身与杨贵妃姐妹、皇子、妃嫔、公主、皇孙，杨国忠、韦见素、魏方进、陈玄礼以及亲近宦官、宫人出延秋门，妃嫔、公主、皇孙在外边的，都弃置不顾而去。……

丙申（十四日），到达马嵬驿，将士饥饿疲乏，都很愤怒。陈玄礼因为祸乱是由杨国忠引起的，想要杀掉他，便通过东宫宦官李辅国去告诉太子，太子犹豫不决。恰巧这时有吐蕃使者二十多人拦在杨国忠马前，诉说没有东西吃，杨国忠还没有来得及回答，士兵呼喊道：“杨国忠和胡虏通谋造反！”有人用箭射他，射中马鞍。杨国忠跑到西门里，被士兵追上杀死，屠割他的肢体，用枪把他的头挑在驿门外，同时杀死了他的儿子户部侍郎杨暄和韩国夫人、秦国夫人。御史大夫魏方进说：“你们怎敢杀害宰相！”大家又把他杀死。韦见素听到发生动乱走出来，也被乱兵打了，脑袋上的血流了满地。大家说：“不要伤害韦相公。”把他救下来没被杀死。士兵们围住驿馆，皇上听到吵闹，问外面发生了什么事，左右回答他说是杨国忠谋反。皇上拄着杖穿上鞋走出驿门，慰问士兵，命令他们收队，士兵们不理会。皇上叫高力士去问他们，陈玄礼回答道：“杨国忠谋反，贵妃不宜再侍奉陛下，请陛下割断恩爱将她正法。”皇上说：“朕当自行处理。”进入驿门，倚杖低头站立着。过了好一会，京兆司录韦谔上前说：“如今众怒难犯，安危就在顷刻，希望陛下快做出决断！”接着叩头流血。皇上说：“贵妃常年居住深宫，怎会知道杨国忠的反谋？”高力士说：“贵妃诚然无罪，但是将士已杀了杨国忠，而贵妃在陛下左右，他们怎敢自安！愿陛下仔细考虑，将士安陛下也就安了。”皇上这才命令高力士把杨贵妃带到佛堂，把她勒死。抬出尸体放在驿馆的院子里，召陈玄礼等进来看过。陈玄礼等这才脱去头盔解下铠甲，跪着叩头到地向皇上请罪，皇上安慰他们，叫他们向士兵解释，陈玄礼等都口呼万岁，再拜而出。于是才整顿队伍，做前进安排。……杨国忠妻裴柔和他的小儿子杨晞以及虢国夫人、夫人的儿子裴徽都逃跑，跑到陈仓，县令薛景仙带了吏卒追捕，杀掉了他们。

奇袭蔡州

——一次削平藩镇的战斗

唐代中期宪宗李纯是比较有能力的皇帝，许多不服从中央的节度使，都被他先后解决，削平淮西吴元济是其中影响最大的一次战役①。

本节选自《资治通鉴》卷二四〇唐纪宪宗元和十二年(817)。主要记述李愬在平定淮西战役中的功绩，其中难免有夸大之处，但也一定程度上描绘出古代军事家智勇过人的形象。

元和十二年春正月，……李愬至唐州②军中承丧败之余③，士卒皆惮战。愬知之。有出迓者④，愬谓之曰："天子知愬柔懦，能忍耻，故使来拊循尔曹⑤。至于战攻进取，非吾事也。"众信而安之。

愬亲行视士卒，伤病者存恤之，不事威严。或以军政不肃为言，愬曰："吾非不知也。袁尚书专以恩惠怀贼⑥，贼易之，闻吾至，必增备。吾故示之以不肃，彼必以吾为懦而懈惰，然后可图也。"淮西人自以尝败高、袁二帅⑦，轻愬名位素微，遂不为备。……

【注释】

① 吴元济：节度使吴少阳之子，少阳死后不经任命自立，和中央对抗。② 李愬：当时新任唐、随、邓节度使。唐州：治所在今河南泌阳，当时唐、随、邓节度使的治所。③ 丧败之余：元和十年(815)以来讨伐蔡州的官军屡屡失利。④ 迓(yà)：迎接。⑤ 拊(fǔ)循：抚慰。⑥ 袁尚书：袁滋，原为尚书右丞，元和十一年七月被任命为彰义节度，申、光、蔡、唐、随、邓诸州观察使，主持讨伐吴元济的军事。所谓专以恩惠怀贼，是指袁滋撤去对吴元济方面的侦察、巡逻，禁止官军侵入吴的管区，吴出兵打他，他又卑辞请和。⑦ 淮西：淮南西道的淮西节度使管区，淮西节度使曾改名为申、光、蔡节度使，这时叫彰义节度使。高：指高霞寓，元和十年十月，被任命为唐、随、邓州节度使，负责对吴元济作战，多次战败，被撤职，以袁滋继任。

二月，……李愬谋袭蔡州①，表请益兵，诏以昭义、河中、鄜坊步骑二千给之②。丁酉，愬遣十将马少良将十余骑巡逻③，遇吴元济捉生虞候丁士良④，与战，擒之。士良，元济骁将，常为东边患⑤，众请刳其心⑥，愬许之。既而召诘之，士良无惧色。愬曰："真丈夫也！"命释其缚。士良乃自言："本非淮西士，贞元中隶安州⑦，与吴氏战⑧，为其所擒，自分死矣⑨，吴氏释我而用之，我因吴氏而再生，故为吴氏父子竭力。昨日力屈，复为公所擒，亦分死矣，今公又生之，请尽死以报德。"愬乃给其衣服器械，署为捉生将⑩。……

【注释】

① 蔡州：淮西节度使治所，在今河南汝南。② 昭义：昭义节度使，治所在今山西长治。河中：河中节度使，治所在今山西蒲州。鄜(fū)坊：鄜坊节度使，治所在今陕西富县。③ 十将：军中下级军官名称。④ 捉生虞候：虞候是节度使下属的重要武官，捉生是捕捉俘虏的意思，但捉生虞候未必专门干这项工作，仅是一种武官的名称而已。⑤ 东边：唐、邓二州的东边，和淮西节度使管区相邻。⑥ 刳(kū)：剖开，挖出。⑦ 贞元：唐德宗年号，共二十一年(785—805)。安州：治所在今湖北安陆。⑧ 吴氏：指吴少阳。⑨ 自分(fèn)：自己料想。⑩ 捉生将：捉生，在前面"捉生虞候"条下已作了解释，捉生将也是当时这类武官的名称。

丁士良言于李愬曰："吴秀琳拥三千之众，据文城栅[1]，为贼左臂，官军不敢进者，有陈光洽为之谋主也[2]。光洽勇而轻[3]，好自出战，请为公先擒光洽，则秀琳自降矣。"戊申，士良擒光洽以归。……

三月，……吴秀琳以文城栅降于李愬。戊子，李愬引兵至文城西五里，遣唐州刺史李进诚将甲士八千至城下召秀琳，城中矢石如雨，众不得前。进诚还报："贼伪降，未可信也。"愬曰："此待我至耳！"既前至城下，秀琳束兵投身马足下，愬抚其背慰劳之，降其众三千人。秀琳将李宪有材勇，愬更其名曰忠义而用之。悉迁妇女于唐州。于是唐、邓军气复振[4]，人有欲战之志。贼中降者相继于道，随其所便而置之。闻有父母者，给粟帛遣之，曰："汝曹皆王人，勿弃亲戚。"众皆感泣。……

五月，……愬厚待吴秀琳，与之谋取蔡。秀琳曰："公欲取蔡，非李祐不可，秀琳无能为也。"祐者，淮西骑将，有勇略，守兴桥栅⑤，常陵暴官军。庚辰，祐率士卒刈麦于张柴村⑥，愬召厢虞候史用诚⑦，戒之曰："尔以三百骑伏彼林中，又使人摇帜于前，若将焚其麦积者。祐素易官军，必轻骑来逐之。尔乃发骑掩之，必擒之。"用诚如言而往，生擒祐以归。将士以祐向日多杀官军，争请杀之；愬不许，释缚，待以客礼。

【注释】

① 文城栅：在蔡州西南。② 谋主：主要的出谋划策者。③ 轻：轻率，轻敌。④ 邓：邓州，治所在今河南邓州。⑤ 兴桥栅：在今河南上蔡南。⑥ 刈（yì）：割。张柴村：在今河南遂平东。⑦ 厢虞候：当时节度使的兵常分左厢、右厢等，这是厢的虞候。

时愬欲袭蔡，而更密其谋，独召祐及李忠义屏人语①，或至夜分，他人莫得预闻。诸将恐祐为变，多谏愬；愬待祐益厚，士卒亦不悦，诸军日有牒称祐为贼内应，且言得贼谍者具言其事。愬恐谤先达于上，已不及救，乃持祐泣曰："岂天不欲平此贼邪！何吾二人相知之深而不能胜众口也。"因谓众曰："诸君既以祐为疑，请令归死于天子。”乃械祐送京师，先密表其状，且曰：“若杀祐，则无以成功。”诏释之，以还愬。愬见之喜，执其手曰：“尔之得全，社稷之灵也！”乃署散兵马使②，令佩刀巡警，出入帐中，或与之同宿，密语不寐达曙。有窃听于帐外者，但闻祐感泣声。时唐、随牙队三千人③，号“六院兵马”，皆山南东道之精锐也④，愬又以祐为六院兵马使。……

【注释】

① 屏（bǐng）：也作“摒”，摒退，叫人避开。② 散兵马使：兵马使是节度使手下最有实权的统兵大将，散兵马使是署上兵马使的官衔，但未能直接掌管部队。③ 随：随州，治所在今湖北随州。牙队：节度使直接掌握的精锐卫队，也叫牙兵。④ 山南东道：唐代十五道之一。唐、随等州都属山南东道。

乙酉，愬遣兵攻朗山①，淮西兵救之，官军不利；众皆怅恨，愬独欢然曰：“此吾计也。”乃募敢死士三千人，号曰“突将”，朝夕自教习之，使常为行备，欲以袭蔡。会久雨，所在积水②，未果。……

九月……甲寅，李愬将攻吴房③，诸将曰：“今日往亡。④”愬曰：“吾兵少，不足战，宜出其不意。彼以往亡不吾虞，正可击也。”遂往，克其外城，斩首千余级。余众保子城不敢出⑤，愬引兵还以诱之，淮西将孙献忠果以骁骑五百追击其背。众惊将走，愬下马，据胡床[6]，令曰："敢退者斩。"返旆力战[7]，献忠死，淮西兵乃退。或劝愬乘胜攻其子城，可拔也。愬曰："非吾计也。"引兵还营。

李祐言于李愬曰："蔡之精兵皆在洄曲及四境拒守[8]，守城者皆羸老之卒，可以乘虚直抵其城，比贼将闻之，元济已成擒矣。"愬然之。

【注释】

① 朗山：今河南确山。② 所在：处处。③ 吴房：今河南遂平。④ 往亡：旧时的迷信说法，说农历八月的白露以后第十八日为往亡，九月的寒露以后第二十七日为往亡，往亡日不宜出征、远行。⑤ 子城：内城。⑥ 胡床：轻便的折叠椅，本是西域一带的所谓胡人用的，东汉末传入中原，称之为胡床，后来也叫绳床、交床、交椅。⑦ 返旆（pèi）：旆，大旗。返旆就是回军。⑧ 洄曲：在今河南漯河市郾城区，因沙水在此回曲而得名。

冬十月……辛未，李愬命马步都虞候、随州刺史史旻等留镇文城[1]，命李祐、李忠义帅突将三千为前驱，自与监军将三千人为中军，命李进诚将三千人殿其后。军出，不知所之。愬曰："但东行！"行六十里，夜，至张柴村，尽杀其戍卒及烽子[2]。据其栅，命士少休，食干糒[3]，整羁靮[4]，留义成军五百人镇之[5]，以断朗山救兵。命丁士良将五百人断洄曲及诸道桥梁。复夜引兵出门。诸将请所之，愬曰："入蔡州取吴元济。"诸将皆失色，监军哭曰：“果落李祐奸计。”⑥时大风雪，旌旗裂，人马冻死者相望。天阴黑，自张柴村以东道路，皆官军所未尝行，人人自以为必死；然畏愬，莫敢违。夜半，雪愈甚，行七十里至州城；近城有鹅鸭池，愬令击之以混军声。

【注释】

① 旻(mín)。② 烽子：当时设置烽候，有警就点燃烽火，烽子就是守卫烽候的兵。③ 干糒(bèi)：干粮。④ 羁(jī)：马络。靮(dí)：缰绳。⑤ 义成：义成节度使，治所在今山东曹县。⑥ 监军：唐自玄宗以后各节度使处以及用兵时都派有宦官监军。

自吴少诚拒命，官军不至蔡州城下三十余年①。故蔡人不为备。壬申，四鼓，愬至城下，无一人知者。李祐、李忠义钁其城，为坎以先登②，壮士从之。守门卒方熟寐，尽杀之，而留击柝者③，使击柝如故。遂开门纳众，及里城，亦然，城中皆不之觉。鸡鸣，雪止，愬入居元济外宅。或告元济曰：“官军至矣！”元济尚寝，笑曰：“俘囚为盗耳！晓当尽戮之。”又有告者曰：“城陷矣！”元济曰：“此必洄曲子弟就吾求寒衣也。”起，听于廷，闻愬军号令曰：“常侍传语。”④应者近万人。元济始惧，曰：“何等常侍，能至于此！”乃帅左右登牙城拒战⑤。

时董重质拥精兵万余人据洄曲⑥，愬曰：“元济所望者，重质之救耳！”乃访重质家，厚抚之，遣其子传道持书谕重质；重质遂单骑诣愬降。

【注释】

① 官军不至蔡州城下三十余年：吴少诚在贞元二年(786)割据淮西后被任命为节度使，死后吴少阳继位，吴少阳死后子吴元济自立，到这时已三十余年。② 镢(jué)：锄，这里指以锄挖掘。坎：坑、洞。③ 柝(tuò)：打更的木梆。④ 常侍：当时李愬的官职是检校左散骑常侍，但只是个空头衔，实职是节度使，但在唐代节度使不算正式官职，并无品级。⑤ 牙城：节度使官署也筑有城圈，叫牙城。⑥ 董重质：吴少诚的女婿，吴元济手下大将。

愬遣李进诚攻牙城，毁其外门，得甲库[1]，取器械。癸酉，复攻之，烧其南门，民争负薪刍助之，城上矢如猬毛[2]。晡时，门坏，元济于城上请罪，进诚梯而下之。甲戌，愬以槛车送元济诣京师[3]，且告于裴度[4]。是日，申、光二州及诸镇兵二万余人相继来降[5]。……

董重质之去洄曲军也，李光颜驰入其壁[6]，悉降其众。庚辰，裴度遣马总先入蔡州慰抚[7]。辛巳，度建彰义军节[8]，将降卒万余人入城。李愬具櫜鞬出迎[9]，拜于路左[10]。度将避之，愬曰：“蔡人顽悖，不识上下之分，数十年矣[11]，愿公因而示之，使知朝廷之尊。”度乃受之。

李愬还军文城，诸将请曰：“始公败于朗山而不忧，胜于吴房而不取，冒大风甚雪而不止，孤军深入而不惧，然卒以成功，皆众人所不谕也，敢问其故。”愬曰：“朗山不利，则贼轻我而不为备矣。取吴房，则其众奔蔡，并力固守，故存之以分其兵。风雪阴晦，则烽火不接，不知吾至。孤军深入，则人皆致死，战自倍矣。夫视远者不顾近，虑大者不计细，若矜小胜⑫、恤小败，先自挠矣⑬，何暇立功乎！”众皆服。

【注释】

① 甲库：兵器库。② 猬毛：刺猬的毛。这是说射在城上的箭多的像刺猬身上长满了硬毛一样。③ 槛车：囚车。④ 裴度：当时是宰相兼彰义（淮西）节度使、淮西宣慰处置使，是负责讨伐淮西的统帅。⑤ 申、光二州：申州治所在今河南信阳，光州治所在今河南潢川，都属淮西管辖。⑥ 李光颜：当时是征讨淮西的大将。⑦ 马总：当时是淮西宣慰副使。⑧ 节：节度使的旌节，是节度使权威的象征。⑨ 櫜（gāo）：盛弓用；鞬（jiàn）：盛箭用。具櫜鞬：指全副武装。⑩ 路左：古人乘车贵者在左，故迎拜于车下者也都拜于路左，这里是路边的意思。⑪ 分（fèn）：名分。⑫ 矜（jīn）：骄傲。⑬ 自挠（náo）：自己扰乱自己。

【翻译】

元和十二年（817）春正月，……李愬到达唐州。当地的部队正多次作战失败，士卒都害怕打仗。李愬了解到这一点。有出来迎接的，李愬对他们说：“天子知道李愬柔懦，能忍受战败之耻，所以叫我来安抚你们。至于攻战进取，不是我的事。”大家相信了，安下心来。

李愬亲自巡行看望士兵，遇到伤病者则加以慰问抚恤，不讲究长官的威严。有人认为军政不整齐提出意见，李愬说：“我并非不知道。过去袁尚书专以恩惠来博取贼军好感，使贼军不把他当一回事，听说我来了，必然会加强防范。我故意做得不整肃让他们看，他们一定以为我懦弱而松懈下来，然后才可以想办法解决他们。”淮西人自以为曾经打败过高、袁二帅，对过去名位低微的李愬不重视，因而不再有所防范。……

二月，……李愬计划袭取蔡州，上表请求增派兵马，皇上下诏从昭义、河中、鄜坊抽调步骑二千给他。丁酉（初七日），李愬派十将马少良率领十多名骑兵巡逻，碰上吴元济的捉生虞候丁士良，打起来，把丁士良擒获。丁士良是吴元济的勇将，常给唐、邓东境造成麻烦。兵众要求挖他的心，李愬答应了。过一会召他来责问，丁士良毫不畏惧。李愬说：“真是大丈夫啊！”叫给他松绑。丁士良才自己表白道：“本来不是淮西军人，贞元年间编入安州军籍，与吴氏作战，被他们俘获，自己料想会死，吴氏却释放我并加以任用，我因吴氏而得到再生，所以给吴氏父子尽力。昨天力屈，又为公所擒获，也料想会死，如今公又使我活下来，请出死力来报答公的恩德。”李愬就给他衣服器械，任命为捉生将。……

丁士良对李愬说：“吴秀琳拥有三千人马，据守文城栅，是贼军的左臂，官军之所以不敢进攻，是因为有个陈光洽充当他的谋主。陈光洽勇而轻率，喜欢亲自出战，请为公先擒获了陈光洽，吴秀琳自然会投降。”戊申（十八日），丁士良把陈光洽捉了回来。……

三月,……吴秀琳要献出文城栅向李愬投降。戊子(二十八日),李愬领兵到达文城西边五里以外,派唐州刺史李进诚带上甲士七八千人到城下招降吴秀琳,城上箭和石块雨一般地打下来,兵众无法向前。李进诚回来报告说:"贼军假投降,不可相信。"李愬说:"这是一定要等我前去啰!"到了城下,吴秀琳收起兵器拜倒在李愬的马脚下,李愬抚着他的背慰问,收降了他的兵众三千人。吴秀琳部将李宪勇敢能打仗,李愬给他改名忠义并加以任用。又把文城栅里的妇女都搬迁到唐州。于是唐、邓军的士气重新振作起来,人人有了求战之心。贼军来投降的人,一路上络绎不绝,都就便给予安置。知道有父母的,就发给粟帛遣送回家,说:"你们都是皇帝的百姓,不要抛弃亲属。"这些人都感动得流泪。……

五月,……李愬厚待吴秀琳,和他谋划攻取蔡州。吴秀琳说:"公要攻取蔡州,非得到李祐不可,秀琳是无能为力的。"李祐,是淮西的骑兵将领,有勇有谋,驻守在兴桥栅,常常侵害官军。庚辰(二十日),李祐率领士卒在张柴村收割麦子,李愬把厢虞候史用诚叫来,告诫他说:"你带着三百名骑兵埋伏到他们那边的树林里,再派人到他们前面去挥舞旗帜,做出要放火烧他们麦堆的样子。李祐一向轻视官军,必然轻骑来驱赶。你就叫埋伏的骑兵出来掩袭,一定把他擒获。"史用诚按照李愬说的前去,把李祐活捉回来。将士们因为李祐过去杀死过很多官兵,争着要求杀掉他。李愬不允许,给他松了绑,用待客礼节对待他。

这时李愬想要袭取蔡州而愈加注意保密,只是找来李祐和李忠义，叫旁人避开然后商量，有时甚至到半夜，其他人都不能听。将领们恐怕李祐会叛变，多劝李愬不要这样，李愬却对李祐越发亲密，弄得士卒也不高兴。各军每天都有公文来说李祐给贼军当内应，还说是抓来的贼军间谍亲口说的。李愬怕这些流言蜚语先传到皇上那里，自己来不及救护，于是拉着李祐哭道："难道上天不想平定吴贼吗？为什么我们两人相知之深，却敌不过众人之口。"因而对大家说："诸君既然对李祐有怀疑，那就把他送到天子那里处置。"就给李祐带上刑具送往京师，事先秘密上表说明情况，并且说："如果杀了李祐，就无从成功。"皇上下诏释放李祐，把他送还李愬。李愬和他见后十分高兴，拉着他的手说："你能保全下来，真是社稷有灵啊！"于是任命他为散兵马使，叫他佩刀巡逻警卫，在自己的营帐中出入，有时和他同宿，亲密交谈通宵不睡。有人在帐篷外面偷听，只听到李祐感动哭泣的声音。当时唐、随的牙队有三千人，号称"六院兵马"，都是山南东道的精锐，李愬又派李祐充当六院兵马使。……

乙酉（二十五日），李愬派兵攻打朗山，淮西兵马前往援救，官军失利。大家都很不痛快，李愬却高兴地说："这是我的计策。"于是招募敢死队士兵三千人，称之为"突将"，从早到晚亲自去指点训练，让他们经常做好行动的准备，要用来袭取蔡州。正好碰上多天有雨，到处积水，没有能出动。……

九月……甲寅（二十八日），李愬要去进攻吴房，将领们说："今天是往亡日。"李愬说："我们兵少，不足以作战，应当出其不意。他们因为往亡日而不防备我们，正可以去攻打。”于是前往，攻克吴房外城，斩首一千多。余下的贼军退保子城不敢出来，李愬引兵撤退以诱敌，淮西将孙献忠果真带了五百骁骑追上来从后面冲击官兵，官兵受惊，要退走，李愬下马，坐在胡床上，下令说：“敢后退者斩。”回军力战，孙献忠战死，淮西兵败退。有人劝说李愬乘胜进攻子城，可以攻下。李愬说：“这不是我的打算。”就带领兵马回营。

李祐对李愬说：“蔡州精兵都在洄曲和四境拒守，守蔡州城的都是一些老弱兵卒，可以乘虚直抵州城，等外边的贼将听到消息，吴元济就已经就擒了。”李愬同意他的主张。……

冬十月……辛未（十五日），李愬叫马步都虞候、随州刺史史旻等人留下镇守文城栅，派李祐、李忠义率领三千突将为前驱，自己和监军率领三千人为中军，叫李进诚率领三千人为后卫。军队出发，不知道去哪里。李愬说：“只管往东走！”走了六十里，天黑了，到达张柴村，把戍卒和烽子全都杀了，占据了栅寨，叫战士稍稍休息，吃点干粮，整理好马络、缰绳，留下义成军五百人镇守，以阻挡朗山那边的救兵。派丁士良率领五百人破坏通往洄曲和各条道路上的桥梁。再乘夜带领部队开出栅门。将领们请示去哪里，李愬说：“进蔡州城擒捉吴元济。”将领们都大惊失色。监军哭着说：“果然中了李祐的奸计。”这时刮风下大雪，旌旗被风撕裂，沿路都可看到冻死的战士和马匹。天又阴黑，从张柴村往东的道路都是官军不曾走过的，人人都自以为必死无疑，但怕李愬，无人敢违抗。到了半夜里，雪下得越发大，行军七十里到达蔡州城。近城处有个鹅鸭池，李愬叫惊打鹅鸭使敌人听不到军队行动的声音。

自从吴少诚抗拒朝廷以来，官军不到蔡州城下已有三十多年，所以蔡州人也不作防范。壬申（十六日）四更天，李愬到达州城下，城里没有一个人发觉。李祐、李忠义用铁锄在城墙上凿出许多可以容脚的小坑坑，抢先爬上去，壮士都跟上。守卫城门的士卒还在熟睡，统统被杀掉，只留下打更的，叫他们照常敲着木梆打更。于是打开城门放大军入城。到了里城，也是这样办，城里都没有发觉。到鸡叫时雪也止了，李愬进入吴元济的外宅。有人向吴元济报告说："官军到了！"吴元济还没起床，笑着说："这是那些被俘虏的囚徒在作乱，等天亮后要统统杀掉。"又有人报告说："州城已被攻陷了！"吴元济说："这一定是驻守洄曲的子弟们来向我要求发寒衣。"他起床，到院子里听外面动静，只听到李愬军中号令说："常侍传下命令。"答应的有近万人。吴元济这才紧张起来，说："是什么常侍，能到这里来！"于是率领左右登上牙城拒战。

当时董重质拥有精兵一万多驻扎在洄曲，李愬说："吴元济所期望的，是董重质这支救兵！"就探访董重质家，好好地安抚他们，派他儿子董传道带着书信晓谕董重质，董重质就一个人骑马来见李愬投降。

李愬派李进诚攻打牙城，把外门打毁，占领了甲库，取得储藏的器械。癸酉（十七日），再攻打，放火焚烧南门，居民抢着背负柴草来支援，射到城上的箭矢就像刺猬毛那么多。黄昏时，门烧坏，吴元济在城上请罪，李进诚搭上梯子让他下来。甲戌（十八日），李愬用槛车把吴元济送往京师，并且向裴度报告。这天，申、光二州及其他镇兵共两万多人相继前来投降。……

董重质离开洄曲军以后，李光颜就快速进入洄曲营垒，使驻军全部归降。庚辰（二十四日），裴度派马总先进蔡州慰问安抚。辛巳（二十五日），裴度建了彰义节度使的旌节，统率降卒一万多人进入州城。李愬佩戴櫜鞬出来迎接，在路边下拜。裴度要退避谦让，李愬说："蔡州人凶顽狂悖，不识上下名分已有几十年了，希望公借此做个样子给他们看，让他们知道朝廷的尊严。"裴度这才接受了。

李愬率领军队回到文城栅，将领们向他请教道："开始公败于朗山而不忧虑，胜于吴房而不攻取，冒大风雪而不中止，孤军深入而不畏惧，但终于成功，这都是大家所不能理解的，请问这究竟是什么缘故？"李愬说："在朗山失利，则贼军轻视我而不作防范。攻取吴房，则贼众逃进蔡州，全力固守，所以得把吴房留下使贼军分散兵力。风雪阴晦，则烽火接不上，敌人无从知道我军到达。孤军深入，则人人都拼死，战斗力自然就倍增。要看得远的人不会去看近处，考虑大处的人不会计较细微末节，如果小胜就骄傲，小败就忧虑失措，把自己先扰乱了，怎谈得上立功呢！"大家都心服。

黄巢进京

——对大唐政权的致命一击

维系近三百年的大唐政权，到九世纪末已经处于日薄西山、奄奄一息的境地。以黄巢为首领的农民大起义，则给唐王朝以致命的一击。

本篇选自《资治通鉴》卷二五四唐纪僖宗广明元年(880)。这些虽是站在农民起义敌对立场上的记载，但仍可看出唐末政治是如何腐败，而农民军则获得京城百姓的欢迎。

广明元年……十一月……丁卯（十七日），黄巢陷东都，留守刘允章帅百官迎谒。巢入城，劳问而已，闾里晏然①。

乙亥（二十五日），张承范等将神策弩手发京师②。神策军士皆长安富家子，赂宦官窜名军籍，厚得禀赐，但华衣怒马③，凭势使气，未尝更战陈；闻当出征，父子聚泣，多以金帛雇病坊贫人代行④，往往不能操兵。是日，上御章信门楼临遣之。承范进言：“闻黄巢拥数十万之众，鼓行而西。齐克让以饥卒万人依托关外⑤，复遣臣以二千余人屯于关上，又未闻为馈饷之计⑥，以此拒贼，臣窃寒心。愿陛下趣诸道精兵早为继援。”⑦上曰：“卿辈第行⑧，兵寻至矣！”丁丑，承范等至华州⑨。会刺史裴虔余徙宣歙观察使⑩，军民皆逃入华山，城中索然，州库唯尘埃鼠迹，赖仓中犹有米千余斛⑪，军士裹三日粮而行。

【注释】

① 闾(lǘ)里：唐长安、洛阳等在城内都有坊，也叫里。这闾里也就是坊里。② 神策：神策军，安史之乱以后建立的中央禁军兼野战部队。后分左右两军，由宦官任左右神策中尉来统率，起初颇有战斗力，后来逐渐腐化。③ 怒马：策马快跑。④ 病坊：唐代长安、洛阳所设收容救济贫病者的机构。⑤ 齐克让：原任汝、郑制置都指挥使，这时率军撤退到潼关外防守。⑥ 馈(kuì)：供应。⑦ 趣(cù)：赶快，催促。⑧ 第：但，只管。⑨ 华州：治所在今陕西华县。⑩ 宣歙(shè)观察使：宣歙，今安徽宣城、歙县地区。观察使是和节度使同样性质的地区军政长官，地位比节度使略低一点。⑪ 斛(hú)：十斗为一斛。

十二月，庚辰朔，承范等至潼关，搜菁中，得村民百许①，使运石汲水，为守御之备；与齐克让军皆绝粮，士卒莫有斗志。是日，黄巢前锋军抵关下，白旗满野，不见其际，克让与战，贼小却，俄而巢至，举军大呼，声振河、华②。克让力战，自午至酉始解③，士卒饥甚，遂喧噪，烧营而溃，克让走入关。关左有谷，平日禁人往来，以榷征税，谓之“禁阬”。贼至仓猝，官军忘守之，溃兵自谷而入，谷中灌木寿藤茂密如织[④]，一夕践为坦途。承范尽散其辎囊以给士卒，遣使上表告急，称：“臣离京六日，甲卒未增一人，馈饷未闻影响。到关之日，巨寇已来，以二千余人拒六十万众，外军饥溃，蹋开禁阬[⑤]。臣之失守，鼎镬甘心[⑥]；朝廷谋臣，愧颜何寄！或闻陛下已议西巡[⑦]，苟銮舆一动[⑧]，则上下土崩。臣敢以犹生之躯奋冒死之语，愿与近密及宰臣熟议[⑨]，急征兵以救关防，则高祖、太宗之业庶几犹可扶持，使黄巢继安禄山之亡，微臣胜哥舒翰之死！”[⑩]

【注释】

① 菁(jīng)中：草丛里。② 河、华：黄河、华山。③ 自午至酉：古人把一昼夜分为十二时，日过现在的中午十二时为午时，日过现在晚上六时为酉时。④ 寿藤：即万年藤。⑤ 蹋(tà)：踏。阬：同“坑”。⑥ 鼎镬(huò)：古时煮东西用鼎或镬，还有一种酷刑是用鼎镬来煮人。⑦ 巡：本指皇帝出巡，给皇帝留面子把皇帝出逃也称巡。唐代皇帝出逃多西出长安到成都，所以叫西巡。⑧ 銮舆：皇帝的车驾。⑨ 近密：和皇帝亲近的，指大宦官们，当时通称中贵。⑩ 哥舒翰：兵败丢失潼关，为安禄山所俘，后被杀。

辛巳，贼急攻潼关，承范悉力拒之，自寅及申[①]，关上矢尽，投石以击之。关外有天堑，贼驱民千余人入其中，掘土填之，须臾，即平，引兵而度。夜，纵火焚关楼俱尽。承范分兵八百人，使王师会守禁阬，比至，贼已入矣。壬午旦，贼夹攻潼关，关上兵皆溃。师会自杀，承范变服帅余众脱走。至野狐泉[2]，遇奉天援兵二千继至[3]，承范曰："汝来晚矣！"博野、凤翔军还至渭桥[4]，见所募新军衣裘温鲜[5]，怒曰："此辈何功而然，我曹反冻馁！"遂掠之，更为贼向导，以趣长安。……

甲申，……百官退朝，闻乱兵入城，布路窜匿。令孜帅神策兵五百奉帝自金光门出[6]，惟福、穆、泽、寿四王及妃嫔数人从行[7]，百官皆莫知之。上奔驰昼夜不息，从官多不能及。车驾既去，军士及坊市民竞入府库盗金帛。

【注释】

① 自寅及申：从清晨四时以后到下午四时以前。② 野狐泉：在今陕西潼关西。③ 奉天：今陕西乾县。④ 博野：博野军是原在今河北博野的地方部队，后投归中央。凤翔：凤翔军是在今陕西凤翔的凤翔节度使的部队。渭桥：在今陕西西安东渭河上。⑤ 新军：长安城里新招募的军队。⑥ 金光门：长安城的西门。⑦ 福、穆、泽、寿四王：都是唐僖宗的兄弟。

晡时，黄巢前锋将柴存入长安，金吾大将军张直方帅文武数十人迎巢于霸上。巢乘金装肩舆[1]，其徒皆被发，约以红缯[2]，衣锦绣，执兵以从，甲骑如流，辎重塞涂，千里络绎不绝。民夹道聚观，尚让历谕之曰："黄王起兵，本为百姓，非如李氏不爱汝曹，汝曹但安居无恐。”③巢馆于田令孜第。其徒为盗久，不胜富，见贫者，往往施与之。居数日，各出大掠，焚市肆，杀人满街，巢不能禁；尤憎官吏，得者皆杀之。

【注释】

① 肩舆：肩是用人抬，肩舆就是后来的轿子。② 约：束扎。缯（zēng）：一种丝织物。③ 尚让：黄巢的大将。历谕：普遍告谕，宣告。

【翻译】

广明元年（880）……十一月……丁卯（十七日），黄巢攻陷东都，留守刘允章率领百官迎候拜见。黄巢进城，只是慰问安抚，坊里平静，毫无惊扰。……

乙亥（二十五日），张承范等率领神策军弓弩手从京城出发。这时神策军的兵士都是长安有钱人家子弟，贿赂宦官在神策军的簿籍上挂个名，以多得给养赏赐，只会穿上漂亮服装纵马乱跑，仗势耍弄威风，从来没有经历过战阵。听说要出征，父子在一起哭泣，多数出金帛雇用病坊里的穷人当替身，这些人往往连兵器都不会拿。当天，皇帝亲自登上章信门的门楼看他们出发。张承范进言道：“听说黄巢拥有几十万兵马，擂着战鼓往西杀过来。齐克让只带有上万名饥疲之卒，驻屯关外，再派臣带这二千多人驻屯关上，又没听说有供应粮饷的准备，凭这来抵御贼军，臣私下感到寒心。希望陛下催促各路精兵早日前来支援。”皇上说：“卿等只管出发，援兵很快就到了！”丁丑（二十七日），张承范等到了华州。刺史裴虔余正在这时调任宣歙观察使，州中军民都逃进华山，城里一片冷落，州库里只剩下灰尘和老鼠脚印，幸亏粮仓中还有一千多斛米，军士们每人带了三天粮食前进。

十二月庚辰朔（初一日），张承范等到达潼关，在草丛中搜出一百多村民，叫他们运石汲水，作守御准备。但是他们和齐克让军一样都已绝粮，士卒全无斗志。当天，黄巢前锋部队抵达关下，白旗遍野，不见边际，齐克让打了一下，黄巢军稍微后退。但很快黄巢到了，全军呐喊，声振河山。齐克让奋力拒战，从午时打到酉时，双方才收兵。齐克让的士卒饿得不行，喧哗吵闹，终于烧了营寨溃退，齐克让只好退进潼关。潼关左面有一个山谷，平时禁止人们往来，好向出入潼关的人征税，叫做“禁坑”。这时黄巢来得仓促，官军忘了派人在这里守卫，溃退士兵从这里拥进来，谷里灌木长藤，茂密如织，一晚就践踏成大路。张承范把公家辎重和私人财物都统统分给士兵，派使者上表告急，说：“臣离京六日，没有见到一个增援的战士，粮饷也没有影子，到达潼关那天，巨寇已经前来，我用这二千多人抵御六十万众，关外部队饥饿溃退，踏开禁坑。我失守潼关，受鼎镬之刑也自甘心，但朝廷上那些出谋划策的人，将把脸皮搁到哪里去！有人说陛下已在议论西巡（逃），如果銮舆一动，则上下土崩瓦解。臣还活着一天，就得说冒犯死罪的话，请跟中贵和宰相认真商量，赶快征兵来防守潼关，这样，高祖、太宗创下的基业还可以扶持维系，使黄巢继安禄山而亡，而微臣胜哥舒翰之死！”

辛巳（初二日），黄巢急攻潼关，张承范尽全力抵抗，从寅时打到申时，关上箭都用完，就用石块往下掷。潼关外边有条自然形成的沟堑，黄巢指挥一千多百姓跳进去，挖土填堑，一会儿便填平，然后引军越过。到夜里，放火把关上的城楼都烧掉。张承范分兵八百命王师会去守禁坑，等他们赶到，黄巢的部队已进来了。壬午（初三日）清晨，黄巢大军夹攻潼关，关上守兵溃散，王师会自杀，张承范改装率领余众脱逃。逃到野狐泉，遇到奉天派来的二千援兵，张承范说："你们来迟了！"博野、凤翔两军撤退到渭桥，看到田令孜所招募的新军都穿着又新又暖的皮衣，发怒道："这些家伙凭什么功劳能这样，我们反而受冻挨饿！"就抢掠了新军，再当了黄巢大军的向导，直奔长安。……

甲申（初五日），……百官退朝，听说乱兵入城，分头逃窜躲藏。田令孜率领五百神策军保着皇上从金光门出逃，只有福、穆、泽、寿四王以及几个妃嫔跟随着，百官都不知道。皇上昼夜不停地奔驰，跟随的官员多赶不上。车驾既已离去，士兵和坊市居民便争着到国家府库里去抢金帛。

黄昏时，黄巢前锋将柴存进入长安，金吾大将军张直方带着文武官员几十人到霸上迎接黄巢。黄巢乘坐金装的轿子，兵众都披了头发，用红缯扎着，穿的是锦绣衣服，手持兵器跟在后面，铁骑甲士就像河流一般，辎重塞满了道路，千里之间，络绎不绝。百姓都拥到大街两旁观看，尚让对他们宣告道："黄王起兵，本为百姓，不像李氏那样不爱你们，你们尽管安居不用恐慌。"黄巢住进田令孜的府第里，他的徒众为盗日久，都很富有，见到穷人，往往施舍。过了几天，分头四出抢掠，焚烧市坊店铺，杀人满街，黄巢禁止不住。他们尤其憎恨官吏，捉到的都杀掉。

割让幽蓟

——儿皇帝石敬瑭的嘴脸

黄巢起义虽然最终失败，但大唐政权不久也被原为黄巢部将、以后成为地方军阀的朱温所取代。此后，以今天的河南为中心建立过梁、唐、晋、汉、周五个小朝廷，其他地区也先后出现过十个地方政权，史称“五代十国”，最后统一于宋。《资治通鉴》的纪事到赵匡胤称帝建立宋朝也就结束。

本篇选自《资治通鉴》卷二八〇后晋纪高祖天福元年(936)，记述原为后唐大将、后来成为后晋开国皇帝的石敬瑭甘愿充当儿皇帝，把幽蓟十六州割让给契丹的经过。

天福元年。……初，石敬瑭欲尝唐主之意①，累表自陈羸疾②，乞解兵柄，移他镇③；帝与执政议从其请④，移镇郓州⑤。房暠、李崧、吕琦等皆力谏，以为不可⑥，帝犹豫久之。

五月，庚寅夜，李崧请急在外⑦，薛文遇独直，帝与之议河东事，文遇曰：“谚有之：‘当道筑室，三年不成。'[8]兹事断自圣志；群臣各为身谋，安肯尽言！以臣观之，河东移亦反，不移亦反，在旦暮耳，不若先事图之。"先是，术者言国家今年应得贤佐，出奇谋，定天下，帝意文遇当之，闻其言，大喜，曰："卿言殊豁吾意，成败吾决行之。"即为除目[9]，付学士院使草制[10]。辛卯，以敬瑭为天平节度使[11]，以马军都指挥使、河阳节度使宋审虔为河东节度使[12]。制出，两班闻呼敬瑭名[13]，相顾失色。

【注释】

① 尝：试探。唐主：后唐末帝李从珂，本姓王，后唐明宗妃魏氏与前夫所生，是明宗的养子。② 羸（léi）：瘦弱。③ 乞解兵柄移他镇：石敬瑭当时是河东节度使、北面总管。④ 执政：宰相。⑤ 郓（yùn）州：今山东东平。⑥ 房暠（hào）、李崧（sōng）、吕琦：都是后唐的重要官员。⑦ 请急：请假。请假一般要有急事，所以说请急。⑧ 当道筑室，三年不成：意思是在路边盖房子，过路人会纷纷议论，使主人不知听谁的好，这样过了三年也盖不成房子。⑨ 除目：御笔亲自任免赴外执行的叫除目。⑩ 草制：起草诏制。从唐玄宗以后，多由翰林学士起草诏制。⑪ 天平节度使：治所在郓州，即今山东东平。⑫ 河阳节度使：治所在今河南孟州。⑬ 两班：上朝时文武官员分班排列叫两班。

甲午，以建雄节度使张敬达为西北蕃汉马步都部署[1]，趣敬瑭之郓州。敬瑭疑惧，谋于将佐曰："吾之再来河东也，主上面许终身不除代②；今忽有是命，得非如今年千春节与公主所言乎？③我不兴乱，朝廷发之，安能束手死于道路乎！今且发表称疾以观其意，若其宽我，我当事之；若加兵于我，我则改图耳。”幕僚段希尧极言拒之，敬瑭以其朴直，不责也。节度判官华阴赵莹劝敬瑭赴郓州。观察判官平遥薛融曰：“融书生，不习军旅。”都押牙刘知远曰④：“明公久将兵，得士卒心；今据形胜之地，士马精强，若称兵传檄，帝业可成，奈何以一纸制书自投虎口乎！”掌书记洛阳桑维翰曰：“主上初即位，明公入朝，主上岂不知蛟龙不可纵之深渊耶？然卒以河东复授公，此乃天意假公以利器。明宗遗爱在人，主上以庶孽代之⑤，群情不附。公明宗之爱婿，今主上以反逆见待，此非首谢可免，但力为自全之计。契丹素与明宗约为兄弟⑥，今部落近在云、应⑦，公诚能推心屈节事之，万一有急，朝呼夕至，何患无成。”敬瑭意遂决。……

戊戌，昭义节度使皇甫立奏敬瑭反⑧。敬瑭表：“帝养子，不应承祀⑨，请传位许王。”⑩帝手裂其表抵地，以诏答之曰：“卿于鄂王固非疏远⑪，卫州之事⑫，天下皆知；许王之言，何人肯信！”壬寅，制削夺敬瑭官爵。……

【注释】

① 建雄节度使：治所在今山西临汾。② 除代：委派人接替职务。③ 千春节：即唐主末帝诞辰。自唐玄宗开元年间开始，屡有以皇帝诞辰为节日的规定。这年千春节，石

敬瑭之妻晋国长公主（明宗之女）为唐主祝寿，辞归时，唐主在醉中说："你为什么急于回去，是否想和石郎（石敬瑭）造反？"④ 都押牙：当时节度使手下的重要武官。刘知远：后来后汉的开国皇帝。⑤ 庶孽：不是正妻所生的儿子。⑥ 契丹：后改国号为辽。⑦ 云、应：云州在今山西大同，应州在今山西应县。⑧ 昭义节度使：治所在今山西长治。⑨ 承祀：祀是祭祀，在古代祭祀是国之大事，因此继承帝位也叫承祀。⑩ 许王：明宗的儿子李从益。⑪ 鄂王：后唐明宗的儿子李从厚，原封宋王，明宗死后即位。因李从珂起兵反对，奔出长安，被贬为鄂王，而李从珂取得帝位。⑫ 卫州之事：指李从厚出逃到卫州，遇石敬瑭自河东入朝，石敬瑭见他大势已去，遂尽杀其左右从骑，只放走李从厚。

秋，七月，……石敬瑭遣间使求救于契丹，令桑维翰草表称臣于契丹主，且请以父礼事之，约事捷之日，割卢龙一道及雁门关以北诸州与之①。刘知远谏曰："称臣可矣，以父事之太过。厚以金帛赂之，自足致其兵，不必许以土田，恐异日大为中国之患②，悔之无及。"敬瑭不从。表至契丹，契丹主大喜，白其母曰："儿比梦石郎遣使来，今果然，此天意也。"乃为复书，许俟仲秋倾国赴援③。

……

【注释】

① 卢龙一道：指卢龙节度使管区，治所在今北京。雁

门关:在今山西代县西北。② 中国:指黄河流域及以南广大地区。③ 仲秋:农历八月。

九月,契丹主将五万骑,号三十万,自扬武谷而南①,旌旗不绝五十余里。……辛丑,契丹主至晋阳②,陈于汾北之虎北口,先遣人谓敬瑭曰:“吾欲今日即破贼可乎?”敬瑭遣人驰告曰:“南军甚厚,不可轻,请俟明日议战未晚也。”使者未至,契丹已与唐骑将高行周、符彦卿合战,敬瑭乃遣刘知远出兵助之。张敬达、杨光远、安审琦以步兵陈于城西北山下,契丹遣轻骑三千,不被甲,直犯其阵。唐兵见其羸,争逐之,至汾曲,契丹涉水而去。唐兵循岸而进,契丹伏兵自东北起,冲唐兵断而为二,步兵在北者多为契丹所杀,骑兵在南者引归晋安寨③。契丹纵兵乘之,唐兵大败,步兵死者近万人,骑兵独全。敬达等收余众保晋安,契丹亦引兵归虎北口。敬瑭得唐降兵千余人,刘知远劝敬瑭尽杀之。……

【注释】

① 扬武谷:在今山西代县西南。② 晋阳:今山西太原,河东节度使治所。③ 晋安寨:在今山西太原东。

十一月,……契丹主谓石敬瑭曰:“吾三千里赴难,必有成功。观汝器貌识量,真中原之主也。吾欲立汝为天子。”敬瑭辞让者数四，将吏复劝进，乃许之。契丹主作册书，命敬瑭为大晋皇帝，自解衣冠授之，筑坛于柳林①，是日，即皇帝位。割幽、蓟、瀛、莫、涿、檀、顺、新、妫、儒、武、云、应、寰、朔、蔚十六州以与契丹②，仍许岁输帛三十万匹。

【注释】

① 筑坛:用土筑起高台,在这里指册立石敬瑭为皇帝。柳林:在今山西太原东南。② 幽:治所在今北京。蓟:治所在今天津蓟县。瀛:治所在今河北河间。莫:治所在今河北任丘北。涿:治所在今河北涿州。檀:治所在今北京密云。顺:治所在今北京顺义。新:治所在今河北涿鹿。妫:治所在今北京怀柔。儒:治所在今北京延庆。武:治所在今河北宣化。寰:治所在今山西朔州东。朔:治所在今山西朔州。蔚:治所在今河北蔚县。

【翻译】

天福元年(936)……起初,石敬瑭要试探唐主的意思,多次上表陈说自己体弱有病,请求解除兵权调到别处去当节度使;皇上和执政们商量后同意他的请求,调任郓州。房暠、李崧、吕琦等都力谏不能这么做,皇上犹豫了好久。

五月,庚寅(初二日)夜李崧请假外出,薛文遇独自当值,皇上和他议论河东的事情,薛文遇说:“俗话说:‘当道筑室,三年不成。’此事当以圣上的意志来决断,臣下们各为自身打算,怎肯把话都说出来!照臣看来,河东调动也要反,不调动也要反,事情只在旦暮之间,不如提前下手。”

在这以前，讲术数的说国家今年要得到好辅佐，出奇谋来安定天下，皇上认为薛文遇就是这样的人，听了他的话，大为高兴，说："卿讲的对我大有启发，不论成败我一定要这么办。"马上写下除目，交付学士院起草诏制。辛卯（初三日），调石敬瑭任天平军节度使，调马军都指挥使、河阳节度使宋审虔任河东节度使。诏制公布，两班文武听报到石敬瑭的名字，相互看看惊吓得变了脸色。

甲午（初六日），任命建雄节度使张敬达为西北蕃汉马步都部署，叫他督促石敬瑭去郓州。石敬瑭顾虑恐惧，就和将佐们商量道："我再次回到河东时，主上当面答应我终身不再除代。今天忽然有这样的任命，莫非真像今年千春节上对公主所说的那样吗？我不作乱，朝廷倒先下手，我怎能束手死于道路呢！如今姑且发个表章称病来看朝廷的意向，如果宽容我，我自应事奉他；如果对我动干戈，我就要另作打算了。"幕僚段希尧竭力反对，石敬瑭因为他为人朴直，没有责怪。节度判官华阴人赵莹劝石敬瑭去郓州。观察判官平遥人薛融说："融是书生，不懂军旅之事。"都押牙刘知远说："明公长期带兵，得到士卒拥护，如今据有形胜之地，士马精强，如举兵传檄，帝业可成，怎能凭一纸诏制就自投虎口呢！"掌书记洛阳人桑维翰说："主上刚即位时，明公入朝，主上难道不知道蛟龙不可纵之于深渊的道理吗？但最后还是把河东再次交给明公，这是上天要给明公以利器。明宗遗爱犹在，主上以庶孽身份占有帝位，人心不附。公是明宗的爱婿，如今主上以反叛相待，这不是自首谢罪就能幸免，只好尽力替自身安全打算。契丹过去和明宗约为兄弟，现在他们的部落近在云、应，公如果真能诚心屈节来事奉他们,万一情况紧急,他们早上请晚上就到,还怕成不了大事!”石敬瑭的主意就这样定了下来。……

戊戌(十日),昭义节度使皇甫立奏报石敬瑭谋反。石敬瑭上表说:“帝是养子,不应继位,请传位给许王。”皇上亲手把表撕掉,丢在地上,下诏回答他道:“卿于鄂王本非疏远,卫州的事情天下人共知;现在说有关许王的话,有谁肯相信!”壬寅(十四日),下诏制削去石敬瑭官职封爵。……

秋,七月,……石敬瑭派使者走小路去向契丹求救,叫桑维翰起草表章向契丹主称臣,并且请求用对父亲的礼节去事奉他,约定胜利之日,割让卢龙一道及雁门关以北诸州给契丹。刘知远进谏道:“称臣就可以了,以父礼事奉太过分。多用金帛贿赂他们,就足以使他们出兵,不必许给他们土地,怕以后给中国带来大患,后悔也就来不及了。”石敬瑭不听。表章送到契丹,契丹主十分高兴,对他母亲说:“儿近日梦见石郎派使节来,今天果真来了,这是天意啊!”就写了复信,答应等到仲秋倾全国之力前来救援。……

九月,契丹主率领战骑五万,号称三十万,从扬武谷南下,旌旗五十多里连绵不绝。……辛丑(十五日),契丹主到达晋阳,在汾河北面虎北口列阵。先派人对石敬瑭说:“我准备在今天破敌好不好?”石敬瑭派人快马相告说:“南军兵力很雄厚,不可轻视,请等到明天再商量出战也不晚。”使者还没到,契丹已和唐军骑将高行周、符彦卿接触,石敬瑭便派刘知远出兵相助。张敬达、杨光远、安审琦统率步兵在城西北山下列阵，契丹派轻骑三千，不披上盔甲，直冲唐军步阵。唐军见到他们并不厉害，争相追去，追到汾河曲，契丹涉水而过。唐军沿着河岸前进，东北方契丹伏兵突起，把唐军冲成两截，步兵在北面的多数被契丹杀死，骑兵在南面的退回到晋安寨。契丹纵兵掩杀，唐军大败，步兵死了近万人，只有骑兵没有损失。张敬达等收集了余众驻守晋安，而契丹也回军虎北口。石敬瑭收得唐降兵一千多，刘知远劝他都杀掉。……

十一月，……契丹主对石敬瑭说："我从三千里外来解救你的危难，一定有所成功。看你的器宇容貌和识见度量，真是中原之主。我想册立你做天子。"石敬瑭辞让了好几次，将吏们再劝进，才答应了。契丹主叫写了册命的诏书，让石敬瑭做大晋皇帝，亲自脱下衣冠给他穿戴上，在柳林筑了高坛，当天登上皇帝宝座。割了幽、蓟、瀛、莫、涿、檀、顺、新、妫、儒、武、云、应、寰、朔、蔚十六州给契丹，还答应每年进贡帛三十万匹。

古代文史名著选译丛书（珍藏版）书目

书名	译注者	审阅者
论语注译	孙钦善	宗福邦
老子注译	张玉春　金国泰	安平秋
庄子选译	马美信	章培恒
孟子选译	刘聿鑫　刘晓东	黄　葵
荀子选译	雪　克　王云路	董治安　许嘉璐
诗经选译	程俊英　蒋见元	刘仁清
楚辞选译	徐建华　金舒年	金开诚
左传选译	陈世铙	董治安
史记选译	李国祥　李长弓　张三夕	安平秋
汉书选译	张世俊　任巧珍	李国祥
后汉书选译	李国祥　杨　昶　彭益林	许嘉璐
三国志选译	刘　琳	黄　葵
资治通鉴选译	李　庆	黄永年
文心雕龙选译	周振甫	黄永年
世说新语选译	柳士镇　钱南秀	周勋初
颜氏家训选译	黄永年	许嘉璐
陶渊明诗文选译	谢先俊　王勋敏	平慧善
李白诗选译	詹　锳等	章培恒
杜甫诗选译	倪其心　吴　鸥	黄永年
李商隐诗选译	陈永正	倪其心
王维诗选译	邓安生　刘　畅　杨永明	倪其心
苏轼诗文词选译	曾枣庄　曾　弢	章培恒
李清照诗文词选译	平慧善	马樟根
辛弃疾词选译	杨　忠	刘烈茂
王阳明诗文选译	吴　格	章培恒
唐才子传选译	张　萍　陆三强	黄永年
徐霞客游记选译	周晓薇　马雪芹　焦　杰	黄永年　马樟根
阅微草堂笔记选译	黄国声	安平秋
西厢记选译	王立言	董治安
聊斋志异选译	刘烈茂　欧阳世昌	章培恒

编 后 记

2011年我社出版了“古代文史名著选译丛书(134种)”,该丛书是由全国高校古籍整理委员会主持,汇集北京大学、复旦大学等十八所高校古籍所专家学者力量完成的一部高水平、高质量的传统文化普及读物。出版后也得到了读者认可,获得业内好评。

该丛书于2016年入选国家新闻出版广电总局评选的“首届向全国推荐中华优秀传统文化普及图书”名单。为了更好地传播优秀传统文化,我们从中精选了30种文史经典,重新修订、设计,作为珍藏版呈现给读者。

中华优秀传统文化不仅是中华民族的宝贵财富,也是中华民族的精神家园。凤凰出版社谨向为本丛书的编辑出版付出巨大心血的专家学者致以崇高敬意!